MISTÉRIOS DA UNÇÃO

MISTÉRIOS DA UNÇÃO

BENNY HINN

AUTOR DE *BEST-SELLERS* INTERNACIONAIS

EDITORA VIDA
Rua Conde de Sarzedas, 246 — Liberdade
CEP 01512-070 — São Paulo, SP
Tel.: 0 xx 11 2618 7000
atendimento@editoravida.com.br
www.editoravida.com.br
@editora_vida /editoravida

Editor responsável: Gisele Romão da Cruz
Editor-assistente: Aline Lisboa M. Canuto
Tradução: Sandra Dolinsky
Revisão de tradução: Josemar de Souza Pinto
Revisão de provas: Lettera Editorial
Projeto gráfico: Marcelo Alves de Souza
Diagramação: Marcelo Alves de Souza
e Willians Rentz
Capa: Arte Vida (cedida por Charisma House)

MISTÉRIOS DA UNÇÃO
©2022, Benny Hinn
Originalmente publicado nos EUA com o título *The Misteries of the Anointing*
Edição brasileira © 2023, Editora Vida
Edição publicada com permissão contratual da Charisma House, um selo da Charisma Media (Lake Mary, Florida)

Todos os direitos desta edição em língua portuguesa são reservados e protegidos por Editora Vida pela Lei 9.610, de 19/02/1998.

É proibida a reprodução desta obra por quaisquer meios (físicos, eletrônicos ou digitais), salvo em breves citações, com indicação da fonte.

■

Exceto em caso de indicação em contrário, todas as citações bíblicas foram extraídas de *Nova Versão Internacional* (NVI)
© 1993, 2000, 2011 by International Bible Society, edição publicada por Editora Vida. Todos os direitos reservados.

Todas as citações bíblicas e de terceiros foram adaptadas segundo o Acordo Ortográfico da Língua Portuguesa, assinado em 1990, em vigor desde janeiro de 2009.

■

As opiniões expressas nesta obra refletem o ponto de vista de seus autores e não são necessariamente equivalentes às da Editora Vida ou de sua equipe editorial.

Os nomes das pessoas citadas na obra foram alterados nos casos em que poderia surgir alguma situação embaraçosa.

Todos os grifos são do autor, exceto indicação em contrário.

1ª edição: jan. 2023
1ª reimp.: abr. 2025

Dados Internacionais de Catalogação na Publicação (CIP)
(Câmara Brasileira do Livro, SP, Brasil)

Hinn, Benny
  Os mistérios da unção / Benny Hinn ; tradução Sandra Martha Dolinsky.
-- 1. ed. -- São Paulo : Editora Vida, 2022.

  Título original: *Mysteries of the Anointing*
  ISBN 978-65-5584-328-6
  e-ISBN 978-65-5584-329-3

  1. Espírito Santo 2. Igrejas pentecostais - Doutrinas 3. Unção do Espírito Santo I. Título.

22-124075   CDD-242.7

Índices para catálogo sistemático:
1. Espírito Santo : Cristianismo 242.7
Aline Graziele Benitez - Bibliotecária - CRB-1/3129

SUMÁRIO

PARTE I
UNGIDO PARA VIVER

1. Bem-vindo ao livro *Mistérios da unção* 9
2. Compreendendo os mistérios da unção 13
3. O mistério da unção permanente 19
4. O mistério de praticar a presença do Senhor 33
5. O mistério da adoração e de acender a Palavra 43
6. O mistério da transformação total 51
7. O mapa de Deus para a presença dele 57

PARTE II
UNGIDO PARA O MINISTÉRIO

8. O mistério da unção fortalecedora 67
9. A unção fortalecedora cresce e se multiplica 75
10. A unção fortalecedora pode ser transferida e armazenada 85
11. O mistério de ministrar para o Senhor em louvor 93
12. Quando o louvor se torna adoração 99
13. Ministério *para* o Senhor, não *pelo* Senhor 105
14. O mistério da rendição 115
15. O mistério dos lugares altos 121

16. O mistério dos fluxos de Elias e Eliseu 127
17. Protegendo a pureza da unção 135
18. Seis coisas que podem enfraquecer a unção fortalecedora 143
19. Sete coisas que protegem a unção fortalecedora 157

PARTE III
UNGIDO PARA PROFETIZAR

20. O mistério da unção profética 169
21. Os quatro reinos do profético 173
22. Mal-entendidos sobre o dom da profecia 181
23. O profeta e o plano redentor de Deus 187
24. Compreendendo a unção de domínio 191
25. A unção de domínio revelada 197
26. A unção de domínio no fim dos tempos 215
27. Chaves para selar nossa vitória 231

PARTE I
UNGIDO PARA VIVER

CAPÍTULO 1

BEM-VINDO AO LIVRO *MISTÉRIOS DA UNÇÃO*

A unção do Espírito Santo é desesperadamente necessária hoje. Seu poder pode ser imitado, mas jamais duplicado. Devemos ter a presença insubstituível da unção, da qual nenhum poder ou busca religiosa possa se assemelhar. Essa previsão fundamental na vida do cristão é, muitas vezes, mal interpretada ou, historicamente, mal ensinada. O propósito deste livro é revelar os mistérios da unção que liberará o poder de Deus para entrar em sua vida de uma maneira tangível.

A Escritura confirma aquele que crê em Jesus como rei e sacerdote diante de Deus. Recebemos a unção de subir ao lugar do alto chamado e ser tudo que Deus nos prometeu que podemos ser. A unção inicia e confirma nossa posição em Jesus Cristo.

Charles Spurgeon, em *The Treasury of David* [O tesouro de Davi], uma exposição sobre Salmos 23, escreveu:

> Todo cristão é um sacerdote, mas não pode exercer o ofício sacerdotal sem unção; portanto, devemos ir dia a dia a Deus, o Espírito Santo, para que nossa cabeça seja ungida com óleo. Um sacerdote sem óleo perde a qualificação principal para seu ofício, e o sacerdote

> cristão não tem sua aptidão principal para o serviço quando está desprovido de nova graça.[1]

Temos visto, nas últimas décadas, o surgimento de igrejas e ministérios sensíveis aos que buscam que quase se envergonham da unção do Espírito Santo e dos dons que Deus oferece. A unção tem estado oculta e encoberta, e uma geração superficial e fraca de cristãos tem substituído pessoas cheias do poder do Espírito Santo. Deus resgatará esta geração e restaurará sua igreja com grande poder.

Este livro contém o antídoto para o vírus que enfraqueceu o corpo de Cristo. A unção de Deus é justamente aquilo que é necessário para libertar as massas de uma geração amarrada e oprimida. Prepare-se para que Deus o inflame com fogo. A unção de Deus alimenta o fogo do Espírito Santo. Abra seu coração para um nível mais profundo da poderosa unção de Deus e prepare-se para arder com nova paixão por Deus e o propósito dele para sua vida.

***

Depois de quase quatro décadas de poderoso ministério, passei pela época mais dolorosa de minha vida. Ministros e cristãos não estão isentos de dor mental, física ou emocional. Deus nunca nos prometeu que não passaríamos por momentos difíceis. Mas prometeu que não passaríamos por eles sozinhos. Deus nos deu garantia, com sua Palavra, de que nunca nos deixará nem nos abandonará.

---

[1] SPURGEON, C. H. **The Treasury of David:** Containing an Original Exposition of the Book of Psalms; a Collection of Illustrative Extracts from the Whole Range of Literature; a Series of Homiletical Hints Upon Almost Every Verse; and Lists of Writers Upon Each Psalm, v. 1. London: Robert Culley, 1870. p. 402.

Essa época de minha vida foi uma experiência extremamente dolorosa para minha família. Às vezes, Deus precisa nos tirar do topo da montanha e nos colocar no vale para que aprendamos. O vale que atravessamos durou três longos anos. Minha esposa, Suzanne, sofreu uma crise pessoal que retrocedeu a décadas de sua vida. Mas Deus esteve com ela e com nossa família durante tudo isso. Mais tarde, Suzanne compartilhou sua vitória pessoal, e muitas pessoas foram encorajadas e fortalecidas com sua história.

Durante essa época dolorosa, aprendi que Deus usa sua unção em nossa vida de maneiras diferentes. Existem diferentes unções que fluem para o povo de Deus. Eu só percebi isso quando passei por esse momento extremamente difícil de vida. Não foi em nenhuma escola; somente o Espírito Santo poderia ter me revelado isso. Eu vi que poderia ministrar sob a unção, e a unção sobre meu ofício não foi afetada, mas, em casa, minha vida pessoal passava por dificuldades.

Em decorrência disso, comecei a fazer perguntas. Eu me perguntava como as dificuldades de minha vida pessoal e inclusive espiritual não afetavam a unção para ministrar em nossos cultos. Então, para minha surpresa, aprendi que a unção sobre meu ministério não tem nada a ver com a unção em minha vida; a unção em minha vida é separada. Comecei a pesquisar as Escrituras. O Senhor disse: "Do seu interior fluirão rios". Não disse um rio; não disse dois ou três rios. Deus disse rios, não disse quantos. Ainda estou descobrindo rios. Foi necessário passar por essa fase dolorosa na vida para perceber que há muitos rios para a unção. Mais tarde, o Senhor restaurou minha vida espiritual, emocional e fisicamente, mas esse período foi uma experiência de aprendizado. Fico feliz por não existirem anos perdidos. Deus pode usar a dor em nossa vida para nosso crescimento. Ele não desperdiça nossa dor.

Romanos 8.28 promete: "Sabemos que Deus age em todas as coisas para o bem daqueles que o amam, dos que foram chamados de acordo com o seu propósito".

Posso dizer uma coisa: se eu não houvesse passado por aquela fase dolorosa, não estaria escrevendo este livro. Estou escrevendo este livro porque, ao compartilhar esta mensagem com o mundo todo, descobri que não é uma revelação amplamente conhecida. Descobri que essa iluminação do Espírito Santo sobre os muitos rios da unção é um conceito novo para o povo de Deus. Foi revelador para mim, e eu nunca li um livro sobre isso nem ouvi falar do assunto.

Mergulhemos nas profundezas, agora, para descobrir os rios da preciosa unção de Deus.

CAPÍTULO 2

COMPREENDENDO OS MISTÉRIOS DA UNÇÃO

Você é um espírito. Absorva isso. Você não é uma alma, não é um corpo. Você é um espírito. Você tem uma alma, vive em um corpo, mas é um espírito. Isso é quem você é. Seu corpo não é seu verdadeiro eu. Seu verdadeiro eu é seu espírito.

No momento de sua salvação, algo dinâmico aconteceu. A pessoa do Espírito Santo se tornou una com seu espírito. A Escritura é clara sobre isso em 1Coríntios 6.17: "Mas aquele que se une ao Senhor é um espírito com ele". No momento em que o Espírito Santo e seu espírito se tornaram um, ocorreu a vida, o renascimento, a limpeza, a renovação e a regeneração. No momento em que aconteceu a unidade entre o Espírito Santo e seu espírito, uma força poderosa foi liberada. Essa força dentro de nós é o que chamamos de unção.

A unção de Deus é um tema vasto. Seu estudo é quase infinito, porque tem muitas correntes diferentes, e um livro não pode conter tudo. Ao longo destas páginas, abordarei alguns assuntos intrigantes e ocultos da Bíblia. Eu os chamo de mistérios da unção. Exploro por que certas coisas aconteceram da maneira que aconteceram na vida do Senhor Jesus, de Moisés, Davi e Paulo.

Talvez você já tenha se perguntado sobre algumas coisas que aconteceram na vida deles. São mistérios. Mas há uma resposta para cada mistério da Bíblia.

Conforme for lendo as três partes do livro, você notará que há uma progressão. Ao explorar os componentes da unção, verá que existem níveis cada vez mais profundos. À medida que avançarmos, você notará que há menos pessoas que operam nesses níveis mais profundos de unção.

Começaremos com a unção interior que todos recebemos na salvação e progrediremos para a unção externa. Esta é reservada para aqueles a quem Deus a confia, aqueles que escolheram dedicar a vida a se tornar vasos de Deus, a dedicar-se a seu ministério. Também exploraremos a vindoura unção de Elias para as nações, que muito poucos já tiveram.

A maioria das pessoas não sabe que a unção existe e, se sabe, não sabe por quê. É um enigma. Meu objetivo é ajudar o leitor a navegar por esse assunto desafiador, compartilhando a Palavra de Deus e as experiências que tive em mais de quarenta anos de ministério. João 8.32 nos diz: "E conhecerão a verdade, e a verdade os libertará". A única verdade que o libertará é a verdade que você conhece. Conforme você percorrer estas páginas, sua compreensão da unção aumentará, e assim você se tornará mais proficiente em se instalar em sua unção, um instrumento de Deus perfeitamente ajustado às medidas dele.

Também tive o privilégio de conviver com algumas das pessoas mais notáveis que já viveram e vi com meus próprios olhos como Deus as usou. Aprendi muito trabalhando na Fundação Kathryn Kuhlman durante quatro anos e também por meio de minha amizade pessoal com Rex Humbard e

Oral Roberts. Devo ter conversado com Oral Roberts sobre os mistérios deste livro mais que com qualquer outro ser humano. Em seus últimos anos, eu ia à casa dele quase toda semana, e passávamos horas e horas juntos.

Não é possível conviver com pessoas como essas e não aprender algo. Também não é possível praticar um ministério durante décadas e não aprender algo. A marca dessas pessoas, sem dúvida, está nestas páginas, assim como em todos os aspectos de meu ministério. Mas mesmo com a amizade e o ensinamento deles, depois de décadas de ministério mundial, eu não entendia muito do que vou compartilhar aqui. Foi há poucos anos que o Senhor me deu muitos desses conhecimentos profundos sobre a unção. Não os encontrei em nenhum livro nem ensinamento, e sim ao buscar o Senhor e a sua Palavra. O que o Senhor me revelou depois que fui em busca de respostas é o que compartilho com você agora.

Três grandes unções

Na Bíblia, encontramos três grandes unções: a unção permanente, a unção fortalecedora e a unção de domínio.

1. A unção permanente

> Quanto a vocês, a unção que receberam dele permanece em vocês, e não precisam que alguém os ensine; mas, como a unção dele recebida, que é verdadeira e não falsa, os ensina acerca de todas as coisas, permaneçam nele como ele os ensinou.
>
> 1JOÃO 2.27

A unção mencionada em 1João 2.27 é o que chamo de unção permanente. É uma unção para viver. É uma unção interior, que age dentro de você para aprofundar sua comunhão com Deus. Aqui, no início de nossa jornada, quero que você observe algo que muitas pessoas não percebem. A unção permanente é uma unção para *viver*, não para fazer. A unção interior afeta o espírito de uma pessoa. A ênfase da unção permanente não se destina à alma ou ao corpo.

A unção permanente continua em você; ela habita o filho de Deus. Afeta seu coração, sua vida, sua caminhada com Deus e sua comunhão com ele. Provê a graça de continuar nas coisas de Deus. Hoje, saiba e esteja ciente de que a unção permanente está dentro de você para ensiná-lo e ajudá-lo a se estabelecer diariamente. Você não está isolado, não está sozinho. Você está provido de um fluxo contínuo da unção permanente de Deus.

2. A unção fortalecedora

> "Mas receberão poder quando o Espírito Santo descer sobre vocês, e serão minhas testemunhas em Jerusalém, em toda a Judeia e Samaria, e até os confins da terra."
>
> ATOS 1.8

A unção que vemos em Atos 1.8 é externa. A unção fortalecedora afeta seu ministério e os dons do Espírito em sua vida. É uma unção para o serviço. Fornece a capacidade de compartilhar o evangelho com os outros, haja ou não um chamado para um ministério em sua vida.

Abordarei essa unção com mais detalhes em duas partes: uma para todos os cristãos usados por Deus no ministério aos outros, e outra para os chamados a um cargo ou a um ministério para a vida toda.

A unção permanente é para a vida cotidiana e está disponível para todo cristão. A unção fortalecedora é para o serviço, portanto aplica-se àqueles que se dedicam a servir a Deus no ministério aos outros. Afeta o corpo e a alma, mas não o espírito. É para *fazer*. Não necessariamente afeta a vida cristã ou a caminhada espiritual de uma pessoa. É uma dádiva. Essa unção externa é dada àqueles que se mostram fiéis ao Senhor. Nem todo cristão escolhe servir, portanto nem todo cristão recebe a unção fortalecedora. Falarei mais sobre isso em outro capítulo.

3. A unção de domínio

> Naquele dia, o fardo deles será tirado dos seus ombros, e o jugo deles do seu pescoço; o jugo se quebrará porque vocês estarão muito gordos!
> ISAÍAS 10.27

A unção de domínio de Isaías 10.27 é muito rara e poderosa. Essa unção que muda o mundo afeta especificamente as nações; tem o poder de construir ou destruir reinos. Muito poucos têm essa unção, que também chamo de unção de Elias. Ela repousou sobre Moisés, Josué, Isaías, Jeremias, Ezequiel, Elias, Eliseu e mais alguns na antiga aliança. Repousou sobre indivíduos que Deus usou profeticamente para levantar ou destruir reinos.

Creio que estamos entrando no que chamo de reino da unção de Elias. Esse é um reino raramente visto na terra. Vislumbres e temporadas do reino da unção de Elias surgiram e desapareceram. Mas entraremos nos dias de Elias mais uma vez muito em breve. Essa unção é a única que destruirá o espírito de Jezabel, que é o espírito da feitiçaria. Essa unção não pode ser adequadamente explicada em poucas palavras. Dedicarei uma explicação mais completa a ela mais à frente.

Conforme for avançando neste livro, você verá que as responsabilidades de cada unção aumentam, assim como as recompensas no Reino.

A unção é a base para tudo que Deus lhe dá na vida. Levei muito tempo para aprender o que devia fazer para construir uma base sólida em minha vida a fim de que Deus me usasse e continuasse me usando e compartilho esse conhecimento neste livro. Ele vai salvá-lo do colapso. Esse conhecimento o fortalecerá e o manterá em comunhão com nosso maravilhoso Senhor Jesus, para que você não caia.

CAPÍTULO 3

O MISTÉRIO DA UNÇÃO PERMANENTE

A unção permanente descrita em 1João 2.27 é fundamental para todo este livro, por isso peço que leia esse versículo agora. Sublinhe-o aqui e em sua Bíblia. Ele revela uma verdade poderosa que é a base para tudo que Deus lhe dá.

> Quanto a vocês, a unção que receberam dele permanece em vocês, e não precisam que alguém os ensine; mas, como a unção dele recebida, que é verdadeira e não falsa, os ensina acerca de todas as coisas, permaneçam nele como ele os ensinou.
>
> 1JOÃO 2.27

Vamos dividir esse versículo para entender o que ele diz sobre esse nível de unção, que permite que você permaneça em Jesus porque ele permanece em você. Começa com "a unção que receberam dele". A primeira coisa que quero que você observe é a palavra "dele". João diz que essa unção é recebida *de* Deus, mas o sentido é que Deus é a fonte da unção, não que é dele e ele a dá para nós.

A unção da qual ele é a *fonte* é separada da unção que ele nos concede como dádiva. É a unção interior para viver descrita aqui em 1João. A que ele nos dá é a unção externa para o ministério descrita em Atos 1.8. E há uma razão para essa diferença. Parece simples, mas levei anos para descobrir isso, e, quando você entender, mudará toda a sua compreensão. É por essa razão que estou compartilhando isso com você neste livro. A unção para viver é *de* Deus, ele é a *fonte*; a unção para o ministério é *dada* por Deus.

Aqui, *dele* significa que ele é a fonte. Essa unção é ele; não é um presente dele.

A unção permanente é *dele* porque *é* ele. É a unção que *ele é*. No Antigo Testamento, o Senhor disse: "Eu sou", o que significa que Deus não *tem* vida; Deus *é* vida. Deus não *tem* poder; Deus *é* poder. Existe um poder que ele dá de presente, como dádiva, claro, e escreverei sobre isso mais tarde. Mas, aqui, estou falando sobre quem *é* Deus.

A seguir, esse versículo diz que essa unção "permanece em vocês". A unção permanece, não fica indo e vindo. A unção fortalecedora que ele *dá* em Atos 1.8 não permanece. Deus o unge enquanto você ministra, e, quando termina de ministrar, a unção se retira. A unção fortalecedora é dada pelo Senhor para determinado momento, para uma atribuição específica, por um tempo e por uma razão. Em contraste, a unção permanente não vai embora. Permanece e aumenta; permanece e cresce; permanece e traz a revelação de todas as coisas. Ela é *permanente*.

Observe que a Bíblia diz que a unção "permanece *em* vocês". A unção fortalecedora (que é a unção para o ministério) repousa *sobre você*. A unção fortalecedora para o ministério vem depois, mas a unção permanente vem na salvação.

A Escritura continua: "e não precisam que alguém os ensine; mas, como a unção dele recebida, que é verdadeira e não falsa, os ensina acerca de todas as coisas". A unção permanente que entra em seu espírito e se torna una com seu coração na salvação é uma unção de revelação. Revela tudo sobre Deus. É interminável porque ensina *todas as coisas*.

Por que João diria que não precisam que alguém os ensine? É preciso analisar todo o capítulo para ver que é um aviso aos cristãos. Sugiro que você leia 1João 2 inteiro, mas, por uma questão de espaço, agora vamos focar no que João diz no versículo 26: "Escrevo estas coisas a respeito daqueles que os querem enganar".

João estava alertando que as pessoas tentariam afastar você da verdade sobre quem é Jesus. *É por isso que diz que a unção permanece em você e que você não precisa que ninguém lhe ensine nada.* A unção permanente ensina que Jesus, o Filho de Deus, é exatamente quem ele diz ser. O Espírito Santo revela ao nosso coração quem é Jesus. É a verdade, e não há mentira nisso.

No instante em que você é salvo, o Espírito Santo se torna uno com seu espírito. Uma das primeiras coisas que acontecem é que a fé explode em você. Pelo Espírito Santo, você sabe imediatamente quem é o Senhor Jesus em sua vida. Não precisa que ninguém lhe ensine quem ele é. É por isso que ninguém pode enganá-lo. Mesmo que tente, ninguém conseguirá, porque você já tem a verdade no seu interior. Jesus é a verdade dentro de você.

Comparando as unções permanente e fortalecedora

Quando João diz que essa unção permanente "é verdadeira e não falsa", quer dizer que não há mentira nela. É uma unção para revelação e proteção. Protege você do engano. É possível ser enganado com a unção *sobre* você, mas não com a unção *em* você. Em outras palavras, a unção externa (fortalecedora) permite o engano; a unção interior (permanente) protege você do engano.

Portanto, uma pessoa pode ministrar e pregar o evangelho quando tem a unção *sobre* si, mas o Diabo pode enganá-la. É possível ser usado pelo Senhor e não o conhecer mais. Pense um instante. A Bíblia diz:

> "Muitos me dirão naquele dia: 'Senhor, Senhor, não profetizamos em teu nome? Em teu nome não expulsamos demônios e não realizamos muitos milagres?' Então eu lhes direi claramente: Nunca os conheci. Afastem-se de mim vocês que praticam o mal!" (Mateus 7.22,23).

É uma verdade impactante o fato de uma pessoa poder conhecer e pregar a Bíblia e estar sob uma unção para o ministério, mas não conhecer o Senhor. Em outras palavras, essa pessoa não tem comunhão com o Senhor, não tem conhecimento íntimo dele.

O rei Saul é um exemplo perfeito disso. Ele sabia ser rei, mas não conhecia o Senhor. Davi conhecia o Senhor, essa é a diferença. Conhecer o Senhor é a chave. Conhecê-lo é o fundamento para a vida e o ministério. A maior revelação da vida é ter um conhecimento íntimo do Senhor, de tal maneira que ele é real para você e se manifesta em você.

Paulo fala sobre a unção permanente quando diz:

> Àquele que é capaz de fazer infinitamente mais do que tudo o que pedimos ou pensamos, de acordo com o seu poder que atua em nós.
>
> EFÉSIOS 3.20

Observe que ele diz que atua *em* nós, não *por meio* de nós. Efésios 3.20 e 1João 2.27 estão falando da mesma unção: a unção interior (permanente) para a vida cristã.

A unção permanente opera em nós; a unção fortalecedora opera por meio de nós.

A unção permanente é para andar; a unção fortalecedora é para trabalhar.

A unção permanente é para revelação e manifestação; a unção fortalecedora é para demonstração.

Com a unção permanente, o Senhor se manifesta em meu espírito. Ele não se manifesta dentro de mim para que *outros* o conheçam; ele se manifesta dentro de mim para que *eu* possa conhecê-lo. A unção fortalecedora é para demonstrar que outros podem conhecê-lo.

A verdade da unção permanente em 1João é para revelação. Deus está se revelando a nós. É também para transformação. Ela nos transforma como cristãos, como servos de Deus, como indivíduos.

Por fim, 1João 2.27 diz: "Permaneçam nele como ele os ensinou". Isso significa que essa unção manterá você no Senhor. A unção permanente é tão poderosa que acende o poder permanente de Deus para conservar você. Assim, somos conservados pela unção interior.

Três sinais da unção permanente

Existem três sinais da unção permanente: fome, fé e amor. Essas três coisas acontecem na salvação, no momento em que você se torna uno com o Senhor Jesus. Permita-me explicar.

1. Fome

Quando um bebê nasce, tem fome de comida. No reino físico, a fome é um sinal de vida. É a mesma coisa no reino espiritual. No instante em que você nasce de novo, torna-se uno com Jesus e desenvolve uma fome espiritual. A partir desse momento, a fome espiritual faz parte de sua vida. Você começa a buscar cada vez mais a presença de Deus por meio da Palavra dele.

2. Fé

A segunda coisa que acontece na salvação é uma explosão de fé. Você sabe que Jesus é o Filho de Deus, que ele morreu por nossos pecados e que ressuscitou dentre os mortos. Como você conhece essa realidade? Não precisa ler sobre isso em um livro; você sabe pelo Espírito. O Espírito Santo lhe dá o conhecimento interior de que você pertence a ele, que ele o ama, que o céu é nosso lar, que há poder no sangue para libertá-lo e que você é redimido. Esse conhecimento interior é fé. Você recebe a fé dada por Deus, portanto não precisa se convencer de que é real. O Senhor se torna real para você — mais real que sua própria vida.

Antes de prosseguir, quero explicar rapidamente que existem diferentes tipos de fé. A primeira é a medida, ou semente, da fé. Deus coloca uma medida de fé em sua vida na salvação, e imediatamente você sabe que ele é seu Deus. Essa é a fé sobre a qual venho falando, pela qual você sabe que o Senhor Jesus é o Salvador de sua alma.

A seguir, vem o fruto da fé. Depois que Deus plantou a semente da fé em sua vida, ela toma conta de seu coração. Cresce e dá fruto em sua vida, chamado fruto do Espírito.

O último é o dom da fé. Esse tipo de fé é diferente porque não tem como fim seu relacionamento com Deus. O dom da fé serve para ministrar aos outros. Todo dom para o ministério está sob a unção fortalecedora de Atos 1.8, sobre a qual falarei mais adiante.

3. Amor

A terceira coisa que ganha vida na salvação é que o Espírito Santo lhe dá um amor pelo Senhor Jesus que você nunca conheceu e um desejo de conhecê-lo, de andar com ele, um desejo de servi-lo. Isso é amor. No instante em que a unidade com o Senhor Jesus acontece, há um grande desejo de conhecê-lo. A Bíblia diz que, mesmo não tendo visto o Senhor Jesus, nós o amamos (1Pedro 1.8).

Quando fui salvo, em 14 de fevereiro de 1972, eu me apaixonei por Jesus em uma fração de segundo. Eu estava no ensino médio, e um grupo de jovens da escola, em Toronto, falava comigo sobre Jesus, e eu achava que estavam todos loucos. Parecia que só sabiam dizer: "Jesus te ama", e eu não sabia como responder. Mas eles não desistiram. Durante o último ano da escola, eles continuaram dizendo que Jesus me amava.

Na noite de 13 de fevereiro de 1972, aconteceu uma coisa incrível. Tive um sonho que jamais esquecerei. Eu me vi em uma longa escada descendo para um poço. Estava acorrentado a outros prisioneiros, e umas criaturas pequenas meio humanas e meio animais incitavam-nos a continuar descendo. Não havia saída, e a escada afundava cada vez mais na escuridão.

De repente, um anjo apareceu ao meu lado. Só eu o vi, e ele fez um sinal me chamando. Nesse momento, minhas correntes caíram. Ele me pegou pela mão, e uma porta se abriu do nada. O anjo me conduziu pela mão, porta afora, pelo ar, e me deixou na esquina da rua, diante de uma das janelas de minha escola. Assim que pousamos no sonho, acordei. Eu não fazia ideia do que tudo aquilo significava; não fazia ideia de que o local onde meu sonho terminara se tornaria significativo poucas horas depois.

Como havia acordado cedo, fui para a escola e parei na biblioteca. O grupo que sempre falava de Jesus me convidou para a oração matinal deles, que acontecia naquele local. Pensei: "Mal não vai me fazer. E talvez finalmente eu me livre deles". Participei e notei que eles oravam em uma língua desconhecida. Eu nunca havia ouvido ninguém orar daquele jeito.

Fiquei com medo, mas, ao mesmo tempo, senti uma presença tomar conta de mim. Foi avassalador. Eu não sabia como dizer a Jesus: "Entre em meu coração". Ninguém me disse: "É assim que você é salvo. Repita esta oração depois de mim". Eles continuaram orando em outra língua, e eu comecei a chorar. Foi um momento muito emocionante.

Baixei a cabeça e disse em voz alta: "Jesus, volte!". Disse isso porque havia recebido uma visita do Senhor aos 11 anos, mas nada acontecera desde então. Eu sabia que era o mesmo Jesus que eu havia encontrado aos 11 anos, e só o que pensei em dizer foi: "Volte!". A reunião de oração terminou pouco depois disso, e ninguém me disse nada.

Eu não sabia mais o que fazer e fui para a primeira aula. Sabia que algo havia acontecido comigo, mas não sabia nem como descrever. Entrei na sala atrasado, a professora já havia começado a aula. Eu só conseguia pensar:

"Jesus está voltando!". Algo dentro de mim dizia isso, e era só nisso que eu conseguia pensar. Não consegui prestar atenção na aula; então, deitei a cabeça na mesa. Assim que abaixei a cabeça, vi Jesus com uma túnica branca, andando sobre o mar da Galileia, vindo em minha direção. Abri os olhos e ainda o via.

Comecei a chorar muito, ali mesmo, na sala de aula. Gritei: "Jesus, eu amo você!". A turma inteira parou. A professora não sabia o que fazer. Meu primo, sentado ao meu lado, dizia: "Psiu! Fique quieto!". Mas eu nem liguei e continuei dizendo: "Jesus, eu amo você!", porque o vira vindo em minha direção.

Chorei o dia todo, e a única coisa que conseguia dizer era: "Jesus, eu amo você!". Então, quando saí da escola e fui para a esquina do prédio, notei a janela da biblioteca. De repente, meu sonho da noite anterior voltou à minha memória. Fora naquela esquina que eu havia pousado em meu sonho, e a janela do sonho era a janela da biblioteca onde eu havia acabado de encontrar o Senhor Jesus.

Instantaneamente, entendi que o Senhor estava me atraindo para ele e sabia que eu o amava do fundo do coração. Quem pôs esse amor em mim? Foi o Espírito Santo.

As crianças que me haviam convidado para a reunião de oração também me convidaram para ir à igreja. Naquela noite de quinta-feira, fui com eles à Toronto Catacombs, liderada por Merv Watson e sua esposa, Merla, que escreveu *Jehovah Jireh*. O orador convidado naquela noite era Loren Cunningham, fundador da Jovens com Uma Missão (Jocum). No final de sua mensagem, Loren fez um convite ao altar, e eu ouvi a voz clara do Senhor me dizendo para ir à frente. Foi aí que fiz minha declaração pública de fé.

A fome leva à comunhão

A unção permanente começa a se manifestar imediatamente como uma fome de Deus. Quando fui salvo, eu queria mais do que provar dele aos 11 anos. Isso era fome. De repente, eu sabia que era um filho de Deus. Quando fui salvo, ninguém me contou isso; eu simplesmente sabia, tamanha era a realidade com que o Espírito Santo colocara essa fé em mim. Por fim, minha reação foi: "Jesus, eu amo você!". Estas três coisas são os sinais de vida em Jesus, que iniciam nossa comunhão com ele: fome, fé e amor.

No instante em que seu relacionamento com Deus começa, a fome o leva à comunhão. Entenda isto: a fome leva à comunhão. É simples, mas profundo. No instante em que nos tornamos uno com Jesus Cristo, a unção permanente é liberada e nossa comunhão com ele começa.

No instante em que começa a intimidade, ela acelera, inflama a Palavra. A Bíblia ganha vida. Disso resulta nosso relacionamento com a Palavra de Deus. A fome pelo Senhor produz fome por sua Palavra, não o contrário. Quando as pessoas não sentem fome pelo Senhor *antes* de sentir fome por sua Palavra, tornam-se religiosas. Tornam-se devotas da doutrina, não de Deus. Têm fome de conhecimento, não do Senhor.

Hoje, existem cristãos que nem conhecem o Senhor. Conhecem a Palavra dele, mas não a ele. Sabem o que ele disse, mas não conhecem aquele que disse isso. Há muito conhecimento, mas não há unção, não há presença de Deus evidente na vida dessas pessoas. Infelizmente, acabam se tornando devotos da doutrina, não do Senhor. E, quando se tornam devotos da doutrina, tornam-se legalistas.

Tenho certeza de que você conhece pessoas assim. Elas conhecem a Bíblia e a usam contra você, mas sem compaixão. Não sabem como mostrar o amor do Senhor. Muitas delas podem dar aulas ou pregar ao nosso redor, mas não conhecem o Senhor.

Foi isso que Jesus enfrentou quando esteve na terra. Os fariseus conheciam as Escrituras, mas não tinham amor nem compaixão.

Antes da conversão do apóstolo Paulo, ele conhecia tão bem as Escrituras que matara cristãos e as usara para defender suas ações. Ele estava cego pela doutrina. Isso é o que ela faz; deixa-nos cegos. Mas, no instante em que ele conheceu o Senhor Jesus, tudo mudou. Antes de sua conversão, ele era o exemplo perfeito de um homem que conhecia a Palavra, mas não o Senhor. Até usara a Lei do Antigo Testamento contra o Senhor e o povo dele.

Aconteceu o mesmo com os fariseus que foram ao Senhor e disseram: "Mestre, esta mulher foi surpreendida em ato de adultério. Na Lei, Moisés nos ordena apedrejar tais mulheres. E o senhor, que diz?". Jesus respondeu: "Se algum de vocês estiver sem pecado, seja o primeiro a atirar pedra nela". E todos foram embora (João 8.3-11).

Esse relato demonstra por que você deve desenvolver seu relacionamento com o Senhor antes do relacionamento com a Palavra dele. Caso contrário, não haverá equilíbrio. A comunhão com Deus é o fundamento da vida e do ministério. Além de tudo, você desenvolve seu relacionamento com a Palavra dele. Sua fome por ele o leva a conhecer sua Palavra, não o contrário.

Quando o conheço, quero conhecer a mente dele, não o contrário. Conhecê-lo me leva a conhecer-lhe a mente — o que ele pensa sobre isso e aquilo. Então, quando leio a Bíblia, não estou lendo leis, regras e regulamentos; estou desenvolvendo meu relacionamento com o Senhor.

Sua fome abre o caminho para a presença de Deus e faz que ele o vivifique, levando-o à vida espiritual. Quanto mais faminto você estiver, mais vivificado será pelo Espírito. A Bíblia diz: "Provem e vejam como o Senhor é bom" (Salmos 34.8). O que isso significa? Significa que, quando você está com fome, Deus deixa que você prove a presença dele e desperta ainda mais sua fome por ele.

Sua fome leva à comunhão, e se abre um novo capítulo, no qual você não apenas deseja conhecê-lo, mas também saber como ele pensa. Como ele vê a vida? Como vê você? É aí que sua Palavra entra. Não podemos conhecer os pensamentos de alguém enquanto não conhecermos essa pessoa. Quando conhece a pessoa, você conhece os caminhos dela.

Davi começou a conhecer o Senhor antes mesmo de conhecer os caminhos dele. Em 2Samuel 6, quando Davi estava voltando com a arca da aliança, Uzá a tocou e morreu. Os versículos 9 e 10 dizem que Davi estava com medo de levar a arca para sua casa. Percebeu que precisava conhecer melhor os caminhos do Senhor. Descobriu os caminhos do Senhor por meio de sua Palavra e ainda os estava conhecendo.

Quanto a Moisés, ele conhecia o Senhor, mas disse mesmo assim: "Peço-te que me mostres a tua glória".

Ele disse: "Senhor, quero te conhecer. Quero conhecer tua presença". Ele tinha fome de mais. Moisés queria saber como Deus pensa, como olha para o seu povo. Por que ele estava clamando? Porque queria conhecer a glória do Senhor.

Deus já conhecia Moisés, e Moisés conhecia o Senhor. Mas por causa do pedido de Moisés, em Êxodo 34, Deus passou diante dele. Moisés queria ver a face de Deus, mas o que o Senhor revelou a ele foram seus atributos, seus caminhos e sua natureza.

> E passou diante de Moisés, proclamando: "SENHOR, SENHOR, Deus compassivo e misericordioso, paciente, cheio de amor e de fidelidade, que mantém o seu amor a milhares e perdoa a maldade, a rebelião e o pecado. Contudo, não deixa de punir o culpado; castiga os filhos e os netos pelo pecado de seus pais, até a terceira e a quarta gerações".
>
> ÊXODO 34.6,7

Deus se revelou por meio de sua Palavra. Em Salmos 103.7, confirma-se isso: "Ele manifestou os seus caminhos a Moisés; os seus feitos, aos israelitas". Quando Deus fez isso? Em Êxodo 33 e 34, quando Moisés começou a clamar.

Deus revelou sua natureza e seus atributos a Moisés, e ele percebeu tudo isso em seu espírito de homem. A Bíblia declara em Hebreus 11 que ele viu os sofrimentos do Messias e rejeitou os prazeres do Egito. E Deus revelou seus caminhos a ele em Êxodo 34.

Temos que entender que a unção permanente revela quem é o Senhor em nossa vida. Ela protege nosso coração do engano e nos faz continuar em comunhão com o Senhor. Essa unção reside em nós. É sobre essa unção que tenho escrito, que produz fome, fé e amor.

No capítulo seguinte, abordarei o que significa praticar a presença de Deus, que é habitar o reino espiritual, no qual as promessas de Deus são ativadas. Quando você experimenta essa profundidade de comunhão com o Senhor, sua presença se torna a presença dele. Seu vaso se torna o vaso dele. Seus olhos se tornam os olhos dele. Seu toque se torna o toque dele. Sua voz se torna a voz dele. Então, o mundo saberá que ele está vivo!

CAPÍTULO 4
O MISTÉRIO DE PRATICAR A PRESENÇA DO SENHOR

Sabe o que mais quero como cristão? Cada vez mais a presença de Deus.

Descobri as chaves fundamentais que abrem a porta para experimentar mais a presença de Deus e vou compartilhá-las para que você possa cruzar o limiar para uma vida mais dinâmica na presença dele.

É claro que, no dia em que eu estiver diante do Senhor Jesus, quero que ele olhe para mim com um sorriso e diga: "Muito bem". Mas, enquanto ainda estou aqui na terra, quero cada vez mais sua presença. A Palavra de Deus afirma claramente que devemos buscar o Senhor com todo o nosso coração — não com metade, nem dois terços, e sim com *todo o* nosso coração.

> Como são felizes os que obedecem aos seus estatutos e de todo o coração o buscam! [...] Eu te busco de todo o coração; não permitas que eu me desvie dos teus mandamentos.
> SALMOS 119.2,10

Buscar Deus com todo o nosso coração nos capacita a guardar seus testemunhos. A palavra hebraica que é traduzida por "estatutos" em Salmos 119.2 significa *preceitos*;

os preceitos de Deus. *Preceito* é um princípio ou regra que regula o comportamento ou o pensamento. Quando buscamos Deus com todo o nosso coração, temos força para não desviar de seus mandamentos. Buscar Deus com todo o nosso coração é uma chave mestra para praticar a presença do Senhor.

> Andarei em verdadeira liberdade, pois tenho buscado os teus preceitos.
> SALMOS 119.45

Buscar Deus com todo o nosso coração requer tempo. É a presença tangível de Deus o que buscamos em nossa caminhada com ele, porque a presença do Senhor Jesus nutre, protege e fortalece nosso eu interior. Mas isso só se torna realidade quando passamos tempo com ele. Tempo é o preço que pagamos. Deus não aparecerá, sua presença não se tornará tangível se não dermos a ele, de coração, nosso tempo ininterrupto.

Outra chave para abrir a porta para uma vida viva com a presença de Deus é pôr o foco no Senhor. Não podemos ter comunhão divina e comunhão humana ao mesmo tempo; simplesmente não é possível. Enfatizo: não podemos poluir as águas da comunicação com o Senhor e esperar obter um gole puro de sua presença. Ele não permitirá. Ele quer sua atenção total e indivisa, seu coração todo. Se algo desviar você, ele se conterá ou se afastará completamente, e recuperar sua confiança será muito difícil.

Deus não compartilha o tempo dele. Por exemplo, você está na presença de Deus e o telefone toca; você para e atende. O Senhor não manifestará sua presença se você atender o telefone. O fluxo de comunicação será interrompido. Ele se conterá até você terminar o que tenha que fazer ou dizer, e você terá que se esforçar para voltar ao ponto em que estava antes de atender o telefone. Cortando a linha de comunicação com Deus em favor de uma linha de comunicação com outro ser humano, você perde tempo.

Nosso Deus é ciumento. Ele quer todo o tempo que você reserva para ele. Quando você diz ao Senhor: "Este é o seu tempo", ele quer tudo, cada minuto. Cada segundo pertence a ele. Ele não manifestará sua presença se alguém bater na porta e você atender. O Deus a quem servimos é ciumento. Você deve evitar as distrações que roubem seu foco da busca ao Senhor com todo o seu coração.

> Vocês me procurarão e me acharão quando me procurarem de todo o coração.
>
> JEREMIAS 29.13

Outra chave importante para praticar a presença do Senhor é passar tempo com Deus diariamente. É absolutamente fundamental que você reserve um período de tempo ininterrupto para comungar diariamente com Deus. Em 1Crônicas 16.10,11, lemos: "Gloriem-se no seu santo nome; alegre-se o coração dos que buscam o SENHOR. Olhem para o SENHOR e para a sua força; busquem sempre a sua face". A palavra hebraica traduzida aqui por "sempre" também poderia ser traduzida por "diariamente".

Recomendo passar pelo menos uma hora com o Senhor todos os dias. (Se você está no ministério de tempo integral, precisa passar mais tempo que isso, e explicarei por que em um capítulo posterior.) Passar pelo menos uma hora por dia com o Senhor constrói seu relacionamento com ele. É como passar um tempo com seu cônjuge ou um amigo, com quem você constrói um relacionamento. Vocês se conhecem cada vez mais porque passam tempo juntos. Quando você está passando um tempo com alguém que ama e esse tempo é interrompido por outra pessoa, fica irritado porque o tempo de vocês foi interrompido. Não consegue se conectar profundamente como queria. O mesmo acontece quando seu tempo a sós com o Senhor é dividido.

É extremamente importante construir isso diariamente. Perdendo um dia, voltamos atrás; não ficamos no mesmo lugar em que estávamos antes de perder o momento que tínhamos com ele. Quanto mais tempo passo com ele, mais rápido entro em sua presença; quanto menos tempo eu passo com ele, mais devagar entro.

Às vezes, você perde seu momento com Deus porque algo acontece e sua agenda muda nesse dia; você vai viajar ou algo o distrai. Mas você precisa determinar que nada nem ninguém o impedirão de ter seu tempo com o Senhor. Eu normalmente passo tempo com o Senhor às 13 horas, mas, quando não consigo nesse horário, passo à noite. Para Deus, não importa que você perca um horário específico. A preocupação dele é que você perca o dia. Não vá para a cama sem dar ao Senhor o tempo que pertence a ele.

Como passar seu tempo com Deus

Você decidiu passar um tempo todos os dias na presença do Senhor, mas se pergunta o que deve fazer durante esse período. Muitas pessoas pensam que passo a maior parte desse tempo orando. Passo grande parte de meu tempo esperando no Senhor e adorando. Espero no Senhor para me vivificar (Salmos 80.18). Talvez você se surpreenda ao ler isto, mas passei a acreditar que a oração em si não é necessariamente poderosa. Afinal, os religiosos oram. Inclusive cristãos bem-intencionados tentam colocar um rótulo espiritual nas coisas que fazem na carne, até mesmo nas práticas espirituais, como oração, jejum e louvor.

O problema é que não há poder nessas coisas quando são feitas na carne. Só há poder na presença de Jesus. Quando comungamos com o Senhor, há poder. À medida que passamos tempo com Jesus e ele se torna real para nós, há poder real.

Existem dois reinos em que operamos: o reino da carne e o reino do espírito. Somente no reino do espírito veremos resultados duradouros. Não há resultados duradouros na carne; qualquer coisa que pareça um resultado é apenas temporário e desaparecerá depressa. O que acontece no reino do espírito é eterno. Em 2Coríntios 4.18, lemos: "Assim, fixamos os olhos, não naquilo que se vê, mas no que não se vê, pois o que se vê é transitório, mas o que não se vê é eterno".

Devemos caminhar no Espírito. Gálatas 5.25 deixa isso bem claro: "Se vivemos pelo Espírito, andemos também pelo Espírito". Em outras palavras, precisamos entrar no Espírito e viver lá.

As pessoas não sabem naturalmente como viver pelo Espírito. Não sabem como encontrar o caminho para esse abrigo. O abrigo é o mundo em que Deus quer que vivamos. Em Salmos 91.1, lemos: "Aquele que *habita* no abrigo do Altíssimo e descansa à sombra do Todo-poderoso". Não diz: "Aquele que visita o abrigo". Esse é o problema: muitas pessoas o visitam e depois vão embora. Analisemos essa promessa bíblica: "Aquele que *habita* no abrigo". Isso significa que é seu endereço, seu local de residência. É onde você mora.

Como se chega lá? Vou compartilhar o que aprendi sobre isso, e da maneira mais difícil. Você já deve conhecer a chave que vou lhe dar, mas simplesmente não a pratica. Talvez queira, mas não sabe como. A chave é esta: "Mas aqueles que esperam no SENHOR renovam as suas forças" (Isaías 40.31). Esperar no Senhor é o segredo. Esperar no Senhor é a ponte entre a carne e o Espírito.

Como esperamos? A Bíblia diz muito claramente que devemos parar. Deus não disse: "Fique quieto", porque isso não basta. Ele disse: "Pare". Há uma grande diferença. Ficar quieto é coisa da alma. Parar é espiritual. Se você permitir, a quietude o levará a parar tudo. Quando estiver quieto por tempo suficiente, Deus permitirá que seu espírito pare. Deixe que Deus o estimule a parar. O Espírito Santo se manifesta quando estamos parados. Estar parado ativa o poder dele. Estar parado libera o poder dele em nós. No estar parado se manifesta a presença de Deus em nós. Estar parado nos leva a uma compreensão mais profunda do que significa estar na presença do Deus vivo.

Em Salmos 46.10, Deus diz: "Parem de lutar! Saibam que eu sou Deus". Ele está dizendo: "Parem para poder saber quem Eu sou". Diz: "Parem, e assim conhecerão minha presença". Não conhecemos a presença de Deus porque não queremos parar. Achamos que parar é difícil porque é ter que ficar sentados sem fazer nada. Mas precisamos mudar essa ideia. Não é *nada* o que estamos fazendo, porque não é *nada* o que estamos esperando. Estamos esperando no Senhor. Isso não é *nada*; é *algo muito importante*. É uma ação, ou melhor, um ato de fé. Esperar no Senhor exige que você acredite que, embora pareça estar ocioso, não está perdendo tempo. Na realidade, você está se comunicando com o Senhor.

Leia com atenção: não estou dizendo que você não deve orar. A Bíblia diz que podemos manifestar nossos pedidos. Mas chega um momento em que terminamos nossa lista de oração. E o que a maioria das pessoas faz quando acaba de pedir coisas a Deus? Diz amém e vai embora. Isso significa que estão em comunicação com o Criador do Universo, falam, mas *não ouvem*! É aí que elas perdem. Essa é a definição de *visitar*, não de *habitar*. Portanto, quando terminar sua lista de oração, fique parado tempo suficiente para que Deus o vivifique, para que o inflame.

> Então não nos desviaremos de ti; vivifica-nos, e invocaremos o teu nome.
> SALMOS 80.18

> Leve-me com você! Vamos depressa! Leve-me o rei para os seus aposentos! *Amigas (Mulheres de Jerusalém)*
> Estamos alegres e felizes por sua causa; celebraremos o seu amor mais do que o vinho. *A Amada*
> Com toda a razão você é amado!
> CÂNTICO DOS CÂNTICOS 1.4

Quando o Espírito Santo o vivifica, ele o leva ao reino do espírito. Você não pode entrar sozinho simplesmente porque quer entrar. Tem que ser atraído pelo Espírito Santo. E como isso acontece? "Mas aqueles que esperam no SENHOR renovam as suas forças [espirituais]. Voam alto como águias". No momento em que seu espírito se fortalece, o Espírito Santo o vivifica, e quando ele o vivifica, o faz voar "alto como águias".

> Mas aqueles que esperam no SENHOR renovam as suas forças [espirituais]. Voam alto como águias; correm e não ficam exaustos; andam e não se cansam.
> ISAÍAS 40.31

Quero lhe mostrar algo muito poderoso sobre essa verdade. O que significa voar alto como águias? Significa conhecer as correntes dos ventos do Espírito. A águia *plana*. A águia *se rende* aos ventos. Espera os ventos mais fortes e se entrega. Esperar no Senhor é render-se a ele. Observe o seguinte: "[Eles] correm e não ficam exaustos, andam e não se cansam". No Espírito, corremos antes de caminhar. Em outras palavras, corremos para alcançar Deus e depois caminhamos com ele.

Esperar no Senhor desarma a carne. Isso lhe dá tempo para esquecer de si mesmo e ver Jesus. Desmantela os poderes do pecado. Isso dá a força do Espírito Santo a seu eu interior, e a carne começa a perder o controle sobre sua vida. Isso é o que Paulo quer dizer com "esmurro o meu corpo e faço dele meu escravo" (1Coríntios 9.27).

No instante em que você entra no reino do espírito, algo acontece. Em Salmos 40.3, lemos: "Pôs um novo cântico na minha boca, um hino de louvor ao nosso Deus". O reino do espírito começa com uma melodia. Você começa a cantar no Espírito. Não é necessário haver música para entrar no Espírito, mas ajuda. Não há nada de errado em pôr música de adoração para mudar a atmosfera e mantê-lo focado para que você não se distraia com outras coisas.

Gosto de pôr música de adoração enquanto espero no Senhor. Acho que, quanto mais frequentemente você se conecta com Deus, menos precisa da música. Às vezes, ela até pode ser um bloqueio, porque, quando estamos no fluxo, não precisamos de nada desta terra. A única razão de precisar de música de adoração é para poder acalmar nossas emoções, esquecer nossos problemas e nos unir ao Senhor Jesus sem distrações. Mas, no momento em que o Espírito Santo nos vivifica, é só disso que precisamos. É quando o Senhor Jesus se torna real. A prática da presença do Senhor começa quando Jesus se torna mais real para nós que nossos problemas, que a família, mais real até que a própria vida. Nesse momento, Jesus é tudo.

CAPÍTULO 5

O MISTÉRIO DA ADORAÇÃO E DE ACENDER A PALAVRA

Praticar a presença do Senhor aprofunda sua intimidade com ele. Passar tempo com Deus é combustível para o motor de sua alma que o leva a conhecê-lo (fome), a caminhar com ele (fé) e a adorá-lo (amor).

É notável o fato de que Deus lhe dá fome, fé e amor para caminhar com ele. A coisa mais valiosa que você e eu temos para dar é nosso tempo. Quando você dá seu tempo a Deus, algo incrível acontece: como a presença do Senhor se manifesta em razão do tempo passado com ele, a Palavra de Deus de repente toma conta de sua alma.

Quando você dá seu tempo ao Senhor, o Espírito Santo o captura com sua Palavra. Você descobre que, quando lê a Palavra, ela sai direto do papel e se apropria do seu coração. Você é atraído para a Palavra como nunca antes. Sua fome e fé explodem, e essa explosão cria novos níveis de crescimento espiritual. Como você lhe dá seu tempo, o Espírito Santo usa sua Palavra para atraí-lo. Quando isso acontece, é como uma ignição que acelera sua alma com poder combustível. Você é levado a um mundo que nem sabia que existia. Quando abre seu coração e sua Bíblia, você desbloqueia o emocionante novo universo da Palavra de Deus.

Então, à medida que a Palavra de Deus começa a embebê-lo, você acessa níveis mais profundos dela. A Palavra de Deus começa a limpar sua mente e purificar seu coração.

> [...] assim como Cristo amou a igreja e entregou-se por ela para santificá-la, tendo-a purificado pelo lavar da água mediante a palavra.
> EFÉSIOS 5.25,26

A Palavra de Deus começa a governar sua vida de pensamento à medida que você começa a se alinhar com o propósito e o plano dele para a sua vida, encontrado nas preciosas páginas da Palavra escrita de Deus. Algo começa a acontecer com você espiritualmente à medida que é puxado para as profundezas de Deus e sua Palavra.

Quando fome, fé e amor começam a se manifestar em sua vida, isso aciona a Palavra em você em um nível mais profundo que antes. Isso é o que Paulo quis dizer com "o seu poder que atua em nós" (Efésios 3.20). Ele aciona a Palavra. A Palavra acende a comunhão. Por sua vez, a comunhão inflama a adoração. As três ignições da vida cristã são a Palavra, a comunhão e a adoração. Uma vez ativadas, elas se intensificam, sendo uma inflamada pela outra. Essa combustão inicia uma espécie de reação em cadeia em seu espírito, reacendendo-se repetidamente enquanto você permanece na presença do Senhor.

Quando essa unção começa a se acender, o eu espiritual passa a experimentar a abundante tangibilidade dela. Você já deve ter experimentado os primeiros estágios disso sem perceber. Se for um pouco mais fundo, eis o que pode acontecer: quando você entra nas profundezas, essa ignição se torna muito poderosa. De repente, você se encontra adentrando camadas mais profundas das Escrituras.

Eu só descobri que a Bíblia tem camadas depois de cinco anos de ministério. A primeira camada é histórica. A segunda é o plano de Deus para Israel e a igreja. A terceira é onde você descobre Jesus nas páginas do Antigo Testamento. É quando a ignição atinge todos os cilindros!

Quantas vezes você leu sobre Adão e Eva, Abraão, Isaque, Jacó, Noé e a arca, José e seus irmãos e Moisés? Esses indivíduos e eventos às vezes estão armazenados em nossa mente como mera informação. Mas algo significativo acontece no instante em que descobrimos Jesus nas páginas da Bíblia. Isso acende o poder! A ignição não começa quando você está na camada histórica, não ocorre quando está descobrindo o plano de Deus para a nação de Israel e da igreja, mas, sim, no instante em que vai fundo — e não pode ir fundo sem que o Espírito Santo lhe mostre —, descobre Jesus na revelação das Escrituras.

A Bíblia não fala apenas de história, poesia ou profecia. A Bíblia é a revelação de uma pessoa: Jesus, o Filho de Deus. Ver Jesus em cada página da Bíblia é o que nos transforma à sua imagem.

Levei cinco anos para descobrir que isso existia. De repente, percebi que fazer Adão dormir profundamente não foi por ele mesmo. É a revelação de Jesus morrendo na cruz. Por que Deus fez Adão dormir? Para dar à luz sua esposa. Por que Jesus morreu na cruz? Para dar à luz sua noiva, a igreja. Deus abriu o flanco de Adão para que sua noiva, Eva, saísse, o que revela que o flanco de Jesus teve que ser aberto para que sua noiva, a igreja, saísse.

Então, comecei a ver que José não falava sobre si mesmo. Ele era amado por seu pai — esse é Jesus. Era odiado por seus irmãos — esse é Jesus. Foi colocado em uma cova, que é a morte de Jesus. Foi colocado em uma prisão, que é Jesus no submundo. Saiu da prisão, e essa é a ressurreição. Estava sentado à direita do faraó, e essa é a ascensão. Recebeu uma esposa gentia, e essa é a igreja. De repente, José não é mais José. Tudo diz respeito a Jesus.

Até as datas comemorativas de Israel são revelações do Senhor Jesus, sua vida e ministério.

1. Páscoa: sua morte na cruz.
2. Festa dos Pães Ázimos: quando Jesus tomou nossos pecados sobre si.
3. Festa das Primícias: a ressurreição do Senhor dentre os mortos.
4. Festa das Semanas (Pentecostes): a vinda do Espírito Santo no dia de Pentecoste.
5. Festa das Trombetas: o arrebatamento da igreja.
6. Dia da Expiação: a salvação de Israel.
7. Festa dos Tabernáculos: o reino milenar de Cristo Jesus.

Tudo se refere a Jesus!

Sugiro que você se aprofunde na Bíblia, porque ela acende um grande poder e você começa a viver nas bênçãos e no favor de Deus; começa a experimentar seu destino. O Senhor começa a se manifestar. Há crescimento e renovação da mente.

O MISTÉRIO DA ADORAÇÃO E DE ACENDER A PALAVRA

> Não se amoldem ao padrão deste mundo, mas transformem-se pela renovação da sua mente, para que sejam capazes de experimentar e comprovar a boa, agradável e perfeita vontade de Deus.
>
> ROMANOS 12.2

Coisas incríveis acontecem quando você se aprofunda na Palavra. Primeiro, há uma quietude que nos invade e permeia. É uma experiência solene e sagrada. A unção permanente *acalma* a alma, enquanto a fortalecedora a *agita*. Segundo, aprofundar-se na Palavra cria profundidade em sua comunhão com o Senhor. Terceiro, a adoração irrompe em um nível desconhecido para você. A comunhão profunda inflama a adoração dinâmica e explosiva!

Quando a adoração irrompe, a presença de Deus se manifesta e se torna tangível para nós. Seu poder *dunamis* começa a operar em nós, levando-nos àquele lugar sobre o qual Paulo falou em Efésios 3.20 quando disse: "infinitamente mais do que tudo o que pedimos ou pensamos". Essa presença tangível do Senhor começa a transformá-lo na imagem dele.

Conforme você pratica a presença, três coisas acontecem:

1. Deus aumenta sua fome, fé e amor por ele.

2. O poder explode em você, levando-o às profundezas da Palavra, onde o Senhor se revela.

3. A adoração dinâmica no Espírito acende e traz a transformação do Senhor em sua vida. Você é transformado de glória em glória. E a transformação de sua imagem na imagem do Senhor começa nesse ponto e se completará quando você vir a preciosa face dele naquele dia glorioso!

Desenvolver uma comunhão profunda com Deus é imperativo, mas parece tão básico que muitos cristãos ignoram isso. Se não tirar mais nada deste livro, espero que pelo menos aprenda isto: você não pode se dar ao luxo de negligenciar o tempo passado com Deus. É nesse tempo que você desenvolve uma profunda comunhão com ele. É essencial, porque constrói uma base poderosa sob você. Quando Deus começa a usar você em seu chamado ao ministério cristão, essa base de comunhão é sua âncora. Você está edificado sobre a rocha, Cristo Jesus. Não está construído sobre areia movediça. Esse tempo diário de comunhão profunda constrói sua vida no Senhor e em sua Palavra.

Com o tempo, o Senhor começará a lhe confiar a unção fortalecedora para o ministério. Seu ministério é o resultado dessa caminhada sobre a qual escrevo. Como você deu a ele seu tempo e cresceu por meio de revelações da Palavra divina e adoração intensa, a presença de Deus é tangível em sua vida. É quando Deus diz: "Posso confiar em você", e ele o unge com a unção fortalecedora de Atos 1.8. Então, os dons do Espírito ganham vida por causa da unção fortalecedora sobre sua vida.

É isso que a Bíblia quer dizer com poder *dunamis*; é um poder que se inflama. As palavras "dínamo" e "dinamite" vêm da palavra grega *dunamis*. O propósito desse *dunamis* do Espírito Santo dentro de você é tocar os outros com o poder de Deus. Quando a mulher que tinha hemorragia — Lucas 8 — tocou a borda do manto de Jesus, ele disse: "Quem tocou em mim?". Virtude, força e poder fluíram dele. A palavra usada ali vem da mesma palavra grega, *dunamis*. A liberação desse poder tornou aquela mulher inteira.

A adoração é tão intensa que inflama a Palavra; então, a Palavra acende a revelação e a adoração, e continua indo e voltando em uma reação espiritual em cadeia. Essa reação em cadeia é o que nos leva a um lugar de transformação total, no qual Deus começa a recriar nossa imagem, a transformá-la na imagem dele.

CAPÍTULO 6

O MISTÉRIO DA TRANSFORMAÇÃO TOTAL

Pouquíssimas pessoas chegaram à transformação total, talvez porque não haja muitas dispostas a pagar o preço. Mas, antes que o Senhor me leve para casa, quero chegar lá.

Certa vez, um jovem pastor da Nigéria me fez uma pergunta importante: "É possível tornar-se uno com Deus? E você conhece pessoas que foram unas com ele?". Respondi que é possível, claro, pois essa foi a oração do Senhor em João 17.

> Minha oração não é apenas por eles. Rogo também por aqueles que crerão em mim, por meio da mensagem deles, para que todos sejam um, Pai, como tu estás em mim e eu em ti. Que eles também estejam em nós, para que o mundo creia que tu me enviaste.
>
> JOÃO 17.20,21

Conheci três pessoas que foram unas com Deus. Todas eram mulheres: Basilea Schlink, Corrie ten Boom e Kathryn Kuhlman. Vou contar um pouco sobre cada uma delas.

Basilea Schlink

Basilea Schlink nasceu na Alemanha em 1904. Seus estudos universitários incluíram uma tese sobre a consciência do pecado e seu efeito sobre a fé. Líder do Movimento Cristão Estudantil, ela foi investigada pelos nazistas durante a Segunda Guerra Mundial em razão da sua postura de defesa dos judeus. Com o fim da guerra, Schlink entendeu a importância do arrependimento pelas atrocidades cometidas por sua terra natal. Decidiu que não se casaria e dedicaria sua vida a Cristo. Em 1947, foi cofundadora da Irmandade Evangélica de Maria e ali serviu até sua morte, em 2001, compartilhando sua fé com outras pessoas e como autora de dez livros.

David Wilkerson conta que, quando foi ver Basilea Schlink, não conseguiu nem entrar na sala. Começou a chorar quando se aproximou dela. Eu ouvi seus ensinamentos, mas nunca a conheci. Mas, enquanto estava viva, fui ao lugar que ela fundou, chamado Canaã, em Darmstadt, Alemanha. Senti tão profundamente a presença do Senhor naquele lugar que comecei a chorar. Fui à capela e não queria sair. Era como estar no céu dentro daquela capela. Estava vazia, mas a presença de Deus naquele lugar era tão gloriosa, tão real, que parecia que eu havia ido para o céu e caminhava com o Senhor em glória. Eu senti essa presença porque Basilea Schlink caminhara em total transformação. Ela conhecia o Senhor e era una com ele.

Corrie ten Boom

Corrie ten Boom nasceu na Holanda em 1892. Relojoeira de profissão, como seu pai, fez parte da Igreja Reformada

Holandesa, serviu às pessoas de seu bairro e criou um clube de jovens. Quando a Alemanha invadiu a Holanda na Segunda Guerra Mundial, os clubes juvenis foram banidos, e os judeus, perseguidos. A família Ten Boom acolheu refugiados judeus, escondendo-os dos nazistas. Por isso, ela e outros membros de sua família foram presos e confinados em campos de concentração alemães. Alguns não sobreviveram à guerra, mas ela sim. Ela compartilhou a história de sua família em *O refúgio secreto*, além de escrever vários outros livros enquanto viajava pelo mundo, compartilhando sua mensagem de esperança, amor e perdão por meio de Cristo Jesus, até sua morte, em 1983. Conheci Corrie ten Boom e dancei com ela. Estava na casa dela, no jardim, dançando. Eu tinha 19 anos na época, era amigo do sobrinho dela — dividíamos um apartamento. Deus agraciou minha vida para que eu conhecesse todas essas pessoas. Quando Corrie ten Boom pregava, seu rosto brilhava, e eu ficava hipnotizado porque Jesus entrava na sala quando aquela mulher subia ao púlpito. Assim como Basilea Schlink, Corrie se tornara una com o Senhor.

Kathryn Kuhlman

Kathryn Kuhlman nasceu em Missouri em 1907. Começou a pregar aos 14 anos, viajando com sua irmã mais velha e seu cunhado. Na década de 1940, começou a realizar cruzadas de cura e continuou até a década de 1970. Seu programa semanal de televisão, *I Believe in Miracles*, ampliou o alcance de seu ministério, e ela escreveu vários livros durante esses anos. Estima-se que 2 milhões de pessoas relataram curas por meio de seu ministério. Aos 40 e poucos anos, foi diagnosticada com um problema cardíaco, mas se recusou a permitir que isso afetasse seu ministério. Apesar das dores no peito às vezes debilitantes, prosseguiu, tanto pessoalmente quanto na televisão. Morreu durante uma cirurgia cardíaca de peito aberto em 1976. Foi documentado que, no momento de sua morte, os médicos e enfermeiros presentes viram uma luz brilhante pairar sobre seu corpo sem vida por um momento e logo desaparecer.

Kathryn Kuhlman incorporou a transformação total e a unicidade com o Senhor. Não sei dizer quantas vezes compareci a suas reuniões na Primeira Igreja Presbiteriana de Pittsburgh e vi seu rosto brilhando. A presença do Senhor se manifestava nela de maneira tão gloriosa que é difícil descrever em palavras. Essa transformação total fez de Jesus uma realidade em sua vida cotidiana. Quando Kuhlman subia à plataforma, a realidade de Cristo em sua vida tomava todo o edifício. A presença de Cristo Jesus saturava todo o local e fazia que todos mergulhassem nela.

A mesma coisa acontecia em suas grandes reuniões. Quando o Senhor se tornava real para ela, tudo na plateia mudava. Quando Jesus se tornava real, todo o lugar ganhava vida. Ele já era real na vida dela e de repente se tornava real para toda a multidão, na qual havia pessoas que nem o conheciam. Em suas reuniões, as pessoas eram capturadas pela realidade em que ela vivia. Sua realidade tornava Jesus real para a multidão e despertava uma fome, e as pessoas diziam: "Eu quero conhecê-lo assim". Foi o que aconteceu comigo.

Agora, pense no que teria acontecido se essa realidade de Jesus não estivesse na vida dela quando ela subia à plataforma. A multidão teria recebido entretenimento, sinais, maravilhas e boa pregação, mas essas coisas não podem mudar as pessoas. A realidade do Senhor Jesus é o que nos muda: a realidade *na* vida da sra. Kuhlman combinada com o poder *sobre* ela; e, quando ela subia à plataforma, o poder *sobre* ela transmitia a realidade que havia *nela*.

Minha oração contínua é que a mesma experiência aconteça quando eu ministro. Se o Senhor Jesus não estiver lá, não faz diferença se as pessoas dizem: "Todos nós amamos o pastor Benny. Ele é um bom homem. É um bom professor da Bíblia". Se só puderem dizer depois: "Aprendi alguma coisa, mas não mudei", de que adianta? Mas, quando o Senhor Jesus está no culto, isso faz toda a diferença. Quem se importa se eu prego ou não? Só quero ter Jesus comigo, porque é quando vidas se transformam.

Neste livro, dou a você o fundamento da vida e do ministério, que culmina com a transformação total, na qual o poder *sobre* você é o transmissor da presença *em* você. E, quando o poder de Deus vem sobre você, transmite o que está no seu interior para todos ao seu redor. Todos sentem isso e se tornam parte disso.

CAPÍTULO 7

O MAPA DE DEUS PARA A PRESENÇA DELE

Deus deu a Moisés o mapa para sua presença. Esse mapa é mais que o relato histórico de um costume religioso judaico. É um mapa relevante do protocolo e padrão bíblicos que seguimos para acessar a presença de Jeová Deus. O tabernáculo do Antigo Testamento nos mostra as sete práticas da presença de Deus. Quando Deus deu a Moisés o projeto para o tabernáculo em Êxodo 25—31, disse onde colocar a porta, o altar do sacrifício, a pia batismal, o candelabro, a mesa dos pães, o altar do incenso e a arca da aliança. Tudo isso representa as sete manifestações das práticas da presença de Deus. Vou lhe mostrar.

Quando começa a comungar e ter comunhão com Jesus praticando sua presença, você entrou pelo portão. Entrou no reino do espírito, porque é impossível experimentar sua presença de fora. De repente, Jesus é real. E, quando Jesus é real, nasce a fé. Você não precisa buscar a fé; só precisa buscar Jesus, e ele lhe dará a fé.

Quero compartilhar uma visão especial e clara sobre algo muito importante. As pessoas acabaram se desviando e buscando a fé em vez de buscar *Jesus*. Às vezes, as pessoas confessam as Escrituras e reivindicam curas, mas nada acontece. Isso porque não esperaram no Senhor primeiro.

Não esperaram que seu Espírito Santo se movesse. Gênesis 1 diz que primeiro o Espírito se movia; só *depois* Deus falou. Deus sempre fala no vento do Espírito. Sempre fala *depois* que o Espírito se move. Se não entrar no reino espiritual primeiro e esperar que Deus fale, as coisas que você faz que parecem espirituais são feitas na carne e não produzem resultados duradouros.

Só podemos entrar no reino espiritual esperando no Senhor. Isso pode levar meia hora, uma hora ou até mais, mas esse tempo não será desperdiçado. Enquanto esperamos, somos vivificados, e, quando somos vivificados, Jesus se torna real. Quando Jesus se torna real, nasce uma canção. E, quando uma canção nasce, algo acontece. Chegamos ao altar do sacrifício, onde o sangue de Jesus se torna mais real que nossa escravidão. Nesse momento, enquanto praticamos a presença do Senhor, nosso coração se abre. Sua Palavra diz: "Os sacrifícios que agradam a Deus são um espírito quebrantado; um coração quebrantado e contrito, ó Deus, não desprezarás" (Salmos 51.17). Há quebrantamento, arrependimento, purificação e perdão. "As coisas antigas já passaram" (2Coríntios 5.17), e a memória do pecado se foi de nossa alma.

Quero compartilhar algo que muitas pessoas deixam passar: muitos confessam seus pecados na carne, e é por isso que voltam e pecam de novo. Mas, quando nos arrependemos no Espírito, é impossível repetir o mesmo comportamento pecaminoso porque o Espírito Santo o apaga.

O terceiro lugar a que você chega na prática da presença do Senhor é à Palavra. Essa é a pia batismal do tabernáculo, o lugar onde aqueles que serviam ao Senhor se lavavam, e é onde nos lavamos com a Palavra. Este é o lugar onde as promessas de Deus de repente se tornam poderosas. Agora, você pode olhar para cima e dizer: "Pai, tua Palavra diz..." e se apegar a essa promessa. Como você está no Espírito, há confiança, assim como disse João: "Esta é a confiança que temos ao nos aproximarmos de Deus: se pedirmos alguma coisa de acordo com a vontade de Deus, ele nos ouvirá" (1João 5.14). Como você sabe que ele o ouviu? Você sabe porque está no Espírito. Se estiver na carne, você questionará se Deus o ouve. Mas, quando está no Espírito, sabe que ele o ouve. Então, sabe que tem o que pediu ao Senhor.

Assim, você passa para o lugar santo, outro nível da prática da presença de Deus, e chega ao candelabro, que é a renovação da mente que foi iluminada por ele. É onde você conhece a vontade de Deus; a Luz nos permite ver o que antes não podíamos discernir. Você vê porque o portão Jesus se torna real. No altar do sacrifício, a cruz se torna real. Na pia, a Palavra se torna real. No candelabro, a vontade dele se torna real. Ele revela sua vontade. Você conhece os planos dele para sua vida e se junta a ele. *A vontade dele se torna a sua vontade.*

Do outro lado está a mesa dos pães, e é aí que você apresenta seu corpo como um sacrifício vivo. O pão é o corpo. Jesus disse: "Isto é o meu corpo", quando lhes deu o pão na última ceia. O pão fala da entrega do corpo a ele. É aí que entregamos nossos membros como instrumentos de justiça. É aí que lhe oferecemos esse sacrifício vivo. A maior experiência no batismo do Espírito é quando lhe damos nosso corpo como sacrifício vivo, e nosso corpo se torna o corpo dele.

> Portanto, irmãos, rogo pelas misericórdias de Deus que se ofereçam em sacrifício vivo, santo e agradável a Deus; este é o culto racional de vocês.
>
> ROMANOS 12.1

Então, você chega ao abençoado altar do incenso, que é a adoração. O que é adoração? Adoração é intimidade e união com o Senhor. Você está em comunhão com o Mestre. É onde entramos e ele toma conta de nós. Cada célula de seu corpo o adora. Cada parte de seu ser magnifica seu nome. Isso não é mental; é totalmente espiritual. É onde "abismo chama abismo ao rugir das tuas cachoeiras" (Salmos 42.7). O versículo continua: "Todas as tuas ondas e vagalhões se abateram sobre mim". Este versículo descreve grande profundidade no Espírito. Esses vagalhões são tornados no oceano. Pense no Espírito Santo levantando você na água e lançando uma onda de tanto poder e glória sobre sua vida que o deixará completamente imerso na presença do Senhor.

Quando isso acontecer, a adoração explodirá dentro de seu ser. Nessa adoração, você ouvirá a voz de Deus, e essa é a arca da aliança no santo dos santos. Você entra no mais sagrado de todos os lugares na prática da presença de Deus. "Aquele que habita no abrigo do Altíssimo e descansa à sombra do Todo-poderoso" (Salmos 91.1). Esse é nosso abrigo. O versículo 2 diz: "Tu és o meu refúgio e a minha fortaleza, o meu Deus, em quem confio". Os versículos 7 e 8 afirmam: "Mil poderão cair ao seu lado; dez mil, à sua direita, mas nada o atingirá. Você simplesmente olhará, e verá o castigo dos ímpios". O versículo 10: "Nenhum mal o atingirá, desgraça nenhuma chegará à sua tenda".

Por quê? Porque você habita no abrigo do Altíssimo! Você está lá! Agora que passou certo tempo nesse lugar abençoado, a glória de Deus o envolve.

Permita-me dizer-lhe uma coisa? Quando eu ia às reuniões de Kathryn Kuhlman, sempre me perguntava como ela podia subir à plataforma sem dizer uma palavra e as pessoas eram curadas. Eu ficava maravilhado com isso. Não conseguia entender como ela ficava ali sem dizer nada, sem pregar uma mensagem, e as pessoas se curavam. Mas agora sei por quê.

Quando se experimenta a profundidade da comunhão que ela experimentava, Jesus entra na sala. Nossa presença se torna a presença dele. Nosso vaso se torna o vaso dele. Essa glória está conosco onde quer que estejamos. Quando chegamos a algum lugar, a presença de Deus chega conosco porque nos tornamos uno com ele.

Eu me lembro de uma ocasião em que Kathryn Kuhlman veio a London, Ontário, para um culto de milagres. Muitos membros de minha igreja de Toronto viajaram juntos para a reunião dela. Fomos em um ônibus cheio de gente animada, e paramos em frente ao Holiday Inn para fazer o *check-in* antes do culto de milagres daquela noite. Ao entrar no saguão, sentimos a presença do Senhor Jesus de um modo muito forte. Fiquei maravilhado e me perguntei por que sentíamos a presença do Senhor se o culto de milagres seria no estádio, não no Holiday Inn. Estávamos fazendo o *check-in* quando a porta do elevador se abriu e vimos a sra. Kuhlman sair com sua assistente, Maggie Hartner. Elas atravessaram o saguão para sair e esperar um táxi, e todos nós a olhamos com espanto, ainda sentindo a presença de Jesus. Quando o táxi partiu com a sra. Kuhlman, a glória saiu do saguão do hotel. Imagine viver tão perto do Mestre que você o carrega consigo aonde quer que vá! Esse é o meu maior anseio.

A prática da presença de Deus é o reino do espírito, e no reino do espírito as promessas de Deus são ativadas. No reino do espírito, a vitória vem até nós. Não podemos vencer nossos pecados fora desse reino. É impossível. Diz a Bíblia: "Porque por meio de Cristo Jesus [que significa no Espírito] a lei do Espírito de vida me libertou da lei do pecado e da morte" (Romanos 8.2). Não podemos conhecer verdadeiramente o amor de Deus sem esse reino.

> Pois estou convencido de que nem morte nem vida, nem anjos nem demônios, nem o presente nem o futuro, nem quaisquer poderes, nem altura nem profundidade, nem qualquer outra coisa na criação será capaz de nos separar do amor de Deus que *está em Cristo Jesus, nosso Senhor.*
> ROMANOS 8.38,39

No instante em que você está em Cristo no Espírito, o amor dele é real. "Orem *no Espírito* em todas as ocasiões" (Efésios 6.18). Você entra quando ele o vivifica e, no portão, vivencia Jesus; no altar, vivencia o sangue dele; e na pia, sua Palavra. Você conhece a vontade dele no candelabro. Então, rende-se à mesa dos pães, e ele toma conta de seu vaso. Por fim, você adora no altar do incenso, e a glória dele o envolve enquanto experimenta a arca da aliança, onde ele fala com você. Então, quando você sai, ele o acompanha.

Nesse refúgio está sua segurança. Fora desse lugar há perigo. Vejamos o que Davi disse sobre isso sob a unção do Espírito em Salmos 32.7: "Tu és o meu abrigo; tu me preservarás das angústias e me cercarás de canções de livramento".

Isso é o que acontece no refúgio; há segurança. Hoje, com todo o medo do mundo, novas pestilências e ameaças, talvez você se sinta tentado a se perguntar em que tipo de mundo seus filhos e netos viverão. Eu também tenho esses pensamentos. Mas o Senhor me garante que eles ficarão bem se permanecerem no refúgio. Eles estarão protegidos. Também estaremos protegidos enquanto permanecermos no refúgio.

> Misericórdia, ó Deus; misericórdia, pois em ti a minha alma se refugia. Eu me refugiarei à sombra das tuas asas, até que passe o perigo.
>
> SALMOS 57.1

O que escrevi até agora é o fundamento que manterá você seguro nos braços de Deus. Nas páginas seguintes, quero falar da unção que vem *sobre* você para o ministério, como ela é diferente da unção *em* você e como ambas podem trabalhar juntas para trazer a mais incrível revelação do Senhor a um mundo que precisa desesperadamente dele.

PARTE II
UNGIDO PARA O MINISTÉRIO

CAPÍTULO 8

O MISTÉRIO DA UNÇÃO FORTALECEDORA

A unção fortalecedora é um tema que muitos cristãos desconhecem. Mas se você é um filho de Deus, purificado pelo sangue de Jesus e selado pelo Espírito, pode e deve operar com a unção fortalecedora. Lembre-se, a unção permanente de 1João 2.27 está *em* você, e a unção fortalecedora de Atos 1.8 está *sobre* você. São separadas e diferentes. Muitos cristãos nem sequer têm ciência da atividade do Espírito Santo em sua vida, muito menos dos diferentes tipos de unção. Mas, se você deseja ser usado por Deus, é essencial que entenda como operar na unção fortalecedora.

Nem todos são chamados a subir no púlpito ou ocupar o cargo de apóstolo, profeta, evangelista, pastor ou mestre. Mas todo cristão pode e deve ter um ministério, seja para interceder em oração para travar batalhas espirituais, seja para servir de testemunha aos outros e levá-los a Cristo, seja para impor as mãos nas pessoas e orar por cura, seja para operar milagres, seja para ministrar a outros por meio de palavras de conhecimento ou outros dons espirituais, seja para exercer o ministério de ajuda. E quem for usado por Deus para ministrar aos outros precisa ter a unção fortalecedora.

> Encontrei o meu servo Davi; ungi-o com o meu óleo sagrado.
>
> SALMOS 89.20

Edificando sobre a unção permanente

A unção fortalecedora deve ser construída sobre o fundamento seguro da unção permanente. Vamos começar dando outra olhada em Atos 1.8: "Mas receberão poder quando o Espírito Santo descer *sobre* vocês, e serão minhas testemunhas".

Pode ser uma surpresa saber que a unção fortalecedora *sobre* você não diz respeito a você mesmo. Não depende de você porque você não pode ganhá-la ou alcançá-la sozinho. Não tem a ver consigo mesmo porque não é para seu benefício pessoal. É para o benefício dos outros. Não tem a ver com você porque tem a ver com ele. Diz respeito ao Senhor Jesus. A unção fortalecedora é para a glória de Deus, *não para a sua*.

A unção permanente que ele coloca em você está completamente sob o controle de Deus. Ele é totalmente responsável por ela. Enquanto estiver caminhando com o Senhor e em sua presença, você viverá na plenitude dessa unção no seu interior. Ela tem um propósito principal: transformar você à imagem do Senhor. É isso.

Essa é a emoção da vida cristã. É muito mais que estar no caminho do céu. O que torna a vida cristã tão emocionante é que você está o tempo todo se tornando mais parecido com Jesus. A mudança começou no dia em que você foi salvo. Desde então tem se tornado cada dia mais parecido com Jesus. Enquanto permanecer nesta terra, você continuará sendo transformado à imagem de Cristo Jesus. É o que a unção permanente faz.

Comparando as unções permanente e fortalecedora

Todo cristão recebe a unção permanente no momento da salvação, mas nem todos recebem a unção fortalecedora. Deus reserva a unção fortalecedora para aqueles que ele usa no ministério. Ela é recebida somente depois que aumenta nossa intimidade com o Senhor e ele confia em nós.

A unção permanente, dentro de nós, nos edifica espiritualmente; sua força depende de nossa fome. Mas a unção fortalecedora, que está *sobre* nós, depende principalmente da fome das pessoas a quem ministramos. Em razão da *fome delas* pelo poder de Deus, ele começa a nos encher com tudo aquilo de que elas necessitam. Talvez precisem de milagres, ou de libertação. Talvez muitos precisem de cura. Então, o fardo do ministério se torna muito pesado por causa das necessidades das pessoas, e, se tentássemos carregá-lo com nosso próprio poder, cairíamos e seríamos esmagados.

> "Não por força nem por violência, mas pelo meu Espírito", diz o SENHOR dos Exércitos.
> ZACARIAS 4.6

Se você passa tempo diariamente em profunda comunhão com o Senhor, é forte para carregar esse fardo. Se deixar de passar tempo em sua presença, esse fardo será muito grande e você não vai mais querer nem tentar carregá-lo.

Se você tiver que ser usado por Deus em qualquer função ministerial, a unção fortalecedora será essencial. Ela permite que você trabalhe para o Senhor e cumpra seu propósito no ministério para o qual Deus o chamou. Acredite, você não vai querer ministrar sem o poder do Espírito Santo. Sermões perfeitos sem a unção caem no chão, impotentes. Os cantores mais talentosos do mundo sem a unção nunca mudaram uma vida. É a unção que faz a diferença.

Os perigos da unção fortalecedora

Agora, escreverei sobre algo que você nunca aprenderá na escola bíblica: os perigos da unção fortalecedora. Esse assunto não se ensina nas salas de aula nem se prega nos púlpitos. Mas há perigos de verdade, e você pode fazer muito mal a você mesmo, à sua família e às pessoas a quem ministra se não usar direito a unção fortalecedora.

Vejamos o que o profeta Samuel disse a Saul:

> O Espírito do SENHOR se apossará de você, e com eles você profetizará e será um novo homem. Assim que esses sinais se cumprirem, *faça o que achar melhor*, pois Deus está com você.
>
> 1SAMUEL 10.6,7

Primeiro, note que ele diz: "O Espírito do SENHOR se apossará de você". Por isso, sabemos que essa é a unção externa, fortalecedora. A seguir, observe que o versículo 7 diz: "Faça o que achar melhor". É por isso que existem perigos: porque agora você é quem manda. Deus se encarrega da unção permanente, aquela que cresce e se aprofunda à medida que você tem comunhão com ele. Mas você é responsável pela unção fortalecedora, que vem sobre você para ministrar aos outros. Deus controla a unção *em* você; você controla a unção *sobre* você. Você pode usar ou abusar dela, usá-la bem e abençoar as pessoas ou usá-la mal e prejudicá-las.

É fundamental que você entenda isso. A maioria das pessoas não sabe. O versículo 7 diz: "Faça o que achar melhor". Isso significa fazer o que surgir em seu espírito enquanto você serve no ministério. Agora que a unção fortalecedora é sua, faça o que achar melhor.

Quando Deus coloca a unção fortalecedora sobre você, confia a você esse recurso divino. Confia tanto que ele coloca *você* no comando. Pense bem, isso não é incrível? Ele é responsável pela unção permanente, que transforma você, mas coloca *você* no comando da unção fortalecedora, que demonstra ao mundo o poder dele!

O que torna a unção fortalecedora tão incrível é a mesma coisa que a torna tão perigosa: Deus nos coloca no comando dela. Se você não tomar cuidado, esse nível de poder poderá subir rápida e facilmente à sua cabeça. Você poderá causar muito mal com ela. Infelizmente, muitos têm feito isso.

O que você fará com a unção fortalecedora? Muitos foram rejeitados porque não a usaram direito. O Senhor os chama de obreiros da iniquidade e diz: "Nunca os conheci" (Mateus 7.23). Sabemos que isso é verdade porque vimos pessoas que brincaram casualmente com a unção fortalecedora. Confundiram esse dom sagrado com ambição carnal, criando carreiras em vez de ministérios. Usaram-na para manipular os outros, para ganhar dinheiro. Transformaram-na em mercadoria barata e a colocaram à venda.

A unção fortalecedora é um dom precioso. Devemos respeitá-la e tê-la com admiração, tratando-a com reverência. Muitos perderam o temor de usar a unção fortalecedora, e isso é um erro perigoso; ela não pode ser usada levianamente. Deus confiou a você o imenso poder dele, por isso é melhor que você saiba o que está fazendo e que o trate adequadamente. Escrevo isso porque não quero que você faça mal aos outros nem a você mesmo com o dom que Deus lhe deu. O mau uso da unção de Deus já provocou grande mal a muitos; inclusive, alguns morreram. Pergunte a Uzá. Uzá era filho de Abinadabe, em cuja casa fora colocada a arca da aliança quando levada da terra dos filisteus. Acredito que Uzá ficou muito à vontade com a arca da aliança em sua casa e começou a tratá-la casualmente. Devemos sempre reverenciar a santa presença de Deus e respeitar a unção fortalecedora que repousa sobre nós.

> Quando chegaram à eira de Nacom, Uzá esticou o braço e segurou a arca de Deus, porque os bois haviam tropeçado. A ira do SENHOR acendeu-se contra Uzá por seu ato de irreverência. Por isso Deus o feriu, e ele morreu ali mesmo, ao lado da arca de Deus.
>
> 2SAMUEL 6.6,7

Se alguém usa indevidamente a unção fortalecedora, pode prejudicar a própria vida. Ela pode trazer destruição à sua alma. Lembra-se do que eu disse no Capítulo 3? A unção fortalecedora que vem sobre você não o protege do engano. É a unção interior, a unção permanente, que o protege do engano, mas, se você não nutrir a unção permanente, poderá ser enganado e usará mal a unção fortalecedora. Você pode usar mal o nome do Senhor e a unção dele. É por isso que Mateus 7.22 diz que naquele dia muitos dirão: "Senhor, Senhor, não profetizamos em teu nome? Em teu nome não expulsamos demônios e não realizamos muitos milagres?" Mas ele dirá: "Nunca os conheci" (v. 23).

CAPÍTULO 9

A UNÇÃO FORTALECEDORA CRESCE E SE MULTIPLICA

Conforme a unção fortalecedora cresce e se multiplica, o dom da fé começa a operar. Lembre-se do que escrevi antes sobre os diferentes tipos de fé: a medida de fé é dada com a salvação; o fruto da fé é o resultado da salvação; e o dom da fé é o dom do ministério. É quando Deus usa você no ministério.

Vemos essa progressão no livro de Atos. Em Atos 2.47, a Escritura nos mostra que o Senhor somou; em Atos 6.1, ele multiplicou; e, em Atos 6.7, multiplicou enormemente. Portanto, há crescimento na unção fortalecedora. Passamos da soma à multiplicação e à grande multiplicação. Depois disso, não se lê mais sobre contagens nem números. A Escritura diz apenas multidões, multidões, multidões. Por quê? Porque passara a ser um enorme oceano de cristãos. É assim que a unção fortalecedora cresce — vai da adição à multiplicação e à grande multiplicação.

Agora, quero mostrar algumas coisas que podem fazer a unção fortalecedora crescer e se intensificar.

A Palavra de Deus

A Palavra de Deus é a primeira coisa que aumenta a unção. Jó 29.6 diz: "[...] quando as minhas veredas se embebiam em nata e a rocha me despejava torrentes de azeite". Ensinei sobre isso, mas é difícil de entender. Veredas embebidas em nata remetem à profundidade da Palavra de Deus, que não é conhecida pela leitura superficial de três capítulos por dia. Você não encontra a profundidade da Palavra de Deus lendo a Bíblia inteira depressa. Não a entende simplesmente atingindo a meta de "ler a Bíblia em um ano".

Entenda que é bom ler a Bíblia inteira, eu recomendo, mas não é essa a questão aqui. Os veleiros deslizam pela superfície da água, mas a superfície é o único lugar para eles. Os submarinos se deslocam abaixo da superfície, chegando até o fundo, em alguns casos. Mas, dependendo do material e da construção, há limites para a profundidade de um submarino. Somente um veículo de imersão profunda pode alcançar as verdadeiras profundezas do oceano, mergulhar nas trincheiras e explorar lugares que antes não podiam ser explorados pelo homem.

Assim é com a Palavra de Deus. O que quero que você entenda é que ler casualmente as Escrituras não é suficiente se o que você busca é alcançar os lugares profundos da Palavra de Deus. Uma mera leitura é superficial e só produz uma compreensão fraca e rasa da Palavra de Deus. Para experimentar sua profundidade, você precisa estudá-la, buscá-la, ir fundo, bem fundo na Escritura, analisar suas trincheiras.

Se quiser descobrir o tesouro escondido na Palavra de Deus, necessitará de ferramentas de precisão para escavar as riquezas das Sagradas Escrituras. Mergulhe no significado das palavras hebraicas e gregas e conheça o que a Bíblia realmente diz. Há ferramentas de estudo para isso, como a *Concordância de Strong* e uma Bíblia Amplificada,

A UNÇÃO FORTALECEDORA CRESCE E SE MULTIPLICA

ou outra tradução. Um aplicativo da Bíblia ou um roteiro de estudos na internet pode fornecer várias traduções e ferramentas para facilitar o acesso ao tema. Essas ferramentas ajudarão você a ver as Escrituras através de uma lente mais ampla, a perceber os detalhes e obter um escopo maior da preciosa Palavra de Deus.

Quero compartilhar um momento em que isso aconteceu comigo. Anos atrás, em Orlando, Flórida, a unção veio sobre minha vida de forma avassaladora quando olhei para cima e disse: "Querido Jesus, dê-me uma revelação do sangue". Senti um enorme poder quando disse isso. Então, comecei a estudar o sangue em toda a Palavra de Deus. Eu já lia a Bíblia, mas todo o nosso ministério decolou quando comecei a *estudá-la*. A igreja começou a crescer como fogo.

A Bíblia diz: "Procure apresentar-se a Deus aprovado" (2Timóteo 2.15). Hoje, com a internet, é muito mais fácil que nos anos 1970 e 1980. Naquela época, eu lia no chão, e meus olhos doíam; eu sentia dor física. Tinha que alongar e voltar para o chão porque não havia espaço em nenhuma mesa para todos os livros que eu tinha. Eles ficavam espalhados pelo chão. Eu ficava trancado durante dias, e isso não é exagero. Mas a unção veio. A unção fortalecedora vem quando você paga o preço. Quando estiver disposto a pagar o preço de estudar a Palavra eterna de Deus, a unção fortalecedora chegará.

> Procure apresentar-se a Deus aprovado, como obreiro que não tem do que se envergonhar e que maneja corretamente a palavra da verdade.
>
> 2TIMÓTEO 2.15

O sangue de Jesus

O sangue de Jesus é a segunda verdade que a Bíblia diz que fará a unção continuar crescendo em intensidade. Se a pessoa não permanecer sob o fluxo purificador do sangue de Jesus, um dia a unção fortalecedora poderá destruí-la, porque ela não estará limpa. Quem opera no ministério deve manter uma vida de retidão. Rute 3.3 diz: "Lave-se, perfume-se". Essas são as palavras de Noemi, que dizia a Rute para primeiro se lavar e depois se perfumar. Isso significa que primeiro o sangue o lava e depois você pode ser ungido para o serviço de Deus. O sangue de Jesus nos mantém intensos na unção fortalecedora de Deus. Ele mantém a intensidade em nosso ministério.

Comunhão com Deus

A terceira coisa que causa o crescimento, a expansão da unção fortalecedora em sua vida, é a comunhão com Deus, que é a oração contínua. Smith Wigglesworth disse: "Não costumo passar mais de meia hora em oração, mas nunca fico mais de meia hora sem orar".[2]

Você não receberá a unção fortalecedora orando apenas alguns minutos por dia. É preciso mais esforço, mais determinação, mais poder de permanência. Em Atos 1.4, o Senhor Jesus disse a seus seguidores que esperassem em Jerusalém, e a Palavra diz no versículo 14: "Todos eles se reuniam sempre em oração". E continuaram, e então, em Atos 2, o poder caiu. É necessária uma oração contínua e harmônica para atingir esse nível. Não dá para receber

---

[1] Intro: Prayer, **Life Church Bradford**, 6 de janeiro de 2019, <https://www.lifechurchbradford.com/intro-to-prayer/>.

o poder prometido em Atos 2.4 sem primeiro praticar a oração contínua de Atos 1.14.

Associação com outras pessoas ungidas

A Palavra de Deus, o sangue de Jesus e a oração contínua intensificam a unção fortalecedora. Mas não se esqueça do poder da associação com as pessoas certas, pois ela muda vidas e fortalece o ministério. Associações certas com outros homens e mulheres ungidos de Deus intensificam a unção fortalecedora. Pergunte a Josué: ele amava a Palavra. Nunca abandonou o tabernáculo. Abraçou a Lei de Deus e amava a comunhão com ele. Mas Josué também entendeu que não devia deixar Moisés. Sabia que, se deixasse Moisés, perderia essa associação, ordenada por Deus.

Em meu caso, não sei como eu sabia disso, mas sabia, e vi os resultados em minha vida mesmo antes de me tornar evangelista e pastor. Comecei a pregar como evangelista em 1974, tornei-me pastor em 1983, mas muito antes disso algo em mim me dizia para não me desconectar do ministério de Kathryn Kuhlman.

Eu a ouvia diariamente no rádio exatamente às 20 horas, um programa transmitido de Wheeling, West Virginia. Eu anotava tudo em Toronto, mas a estação pegava mal porque ficava muito longe. Mas não importava: eu me sentia compelido a ouvir a sra. Kuhlman. Ainda hoje ouço gravações dela. Talvez você pergunte: "Por quê?". Eu respondo: *conexão*.

Talvez você prefira ler livros de Andrew Murray ou de outros grandes líderes cristãos. Talvez prefira gravar seu programa cristão favorito enquanto está no trabalho para poder assistir e saborear quando estiver livre para se concentrar. Quando você lê, vê ou ouve pessoas de Deus com quem se sente levado a se conectar, sente a unção delas, não importa onde estejam. Mesmo que já estejam no céu, você sentirá a unção aqui na terra. O Senhor não unge só os indivíduos; ele unge os ministérios dos indivíduos. Quando um ministro vai para o céu, a unção fortalecedora sobre seu ministério continua tocando vidas na terra por meio de gravações, vídeos e livros dele. A unção adere à página impressa; viaja nas ondas de rádio. Se a unção estava fluindo quando as páginas, ou o sermão ou a música foram escritos, você a sentirá ao lê-los ou ouvi-los. A unção não é limitada pelo tempo ou espaço. Ele faz seu trabalho quando e onde Deus precisar.

Aprendi por experiência a importância de manter a associação com pessoas de Deus ungidas. Minha comunhão com Deus cresce quando caminho com ele. Sua presença se aprofunda enquanto permaneço em comunhão com ele. Mas a unção fortalecedora se desenvolve e se expande quando caminho com Deus e conectado a homens e mulheres que ele está usando. A comunhão com aqueles que Deus usa é essencial. A comunhão com Deus *e com seus santos* é a chave. Hebreus 10.25 diz: "[...] não deixemos de reunir-nos como igreja". Não negligencie o poderoso princípio de se manter conectado àqueles que ministram na unção fortalecedora. Eclesiastes 4 ressalta esse poderoso princípio:

> É melhor ter companhia do que estar sozinho, porque maior é a recompensa do trabalho de duas pessoas. Se um cair, o amigo pode ajudá-lo a levantar-se. [...] Um homem sozinho pode ser vencido, mas dois conseguem defender-se. Um cordão de três dobras não se rompe com facilidade.
> ECLESIASTES 4.9,10,12

Você sozinho é poderoso por meio de Deus. Pode fazer tudo por meio de Cristo, que o fortalece. Nenhuma arma forjada contra *você* prosperará. Maior é aquele que está em *você* que aquele que está no mundo.

Um pode pôr mil para correr: mil! Mil é muita coisa. Mas dois podem pôr 10 mil para correr. No mundo, um mais um é igual a dois, mas, no Reino, um mais um é igual a 10 mil. Com esse tipo de matemática, um pode pôr mil para correr, dois podem pôr 10 mil para correr, três podem pôr 100 mil para correr e quatro podem pôr 1 milhão para correr. Juntos, somos mais fortes.

> "Também digo que, se dois de vocês concordarem na terra em qualquer assunto sobre o qual pedirem, isso será feito a vocês por meu Pai que está nos céus. Pois onde se reunirem dois ou três em meu nome, ali eu estou no meio deles."
>
> MATEUS 18.19,20

Uma associação com homens e mulheres de Deus é essencial para o ministério, pois intensifica a unção fortalecedora.

A unção fortalecedora é sentida

Podemos *sentir* a unção fortalecedora. Ela afeta nossas emoções, nosso corpo físico. Mas não afeta o espírito nem o eu espiritual. A unção permanente que está *em você* afeta seu espírito. A unção fortalecedora que está *sobre* você afeta seu corpo físico e suas emoções. É por isso que quando você está sob essa unção fica emotivo. E se torna mais forte fisicamente. Em 1Samuel 10.6, lemos:

"[...] e [você] será um novo homem". Quando o Espírito descer sobre você, você se tornará uma pessoa diferente. Falará de um jeito diferente, agirá diferente, pensará diferente e se sentirá diferente. Tudo em você será diferente.

Quando a unção fortalecedora repousar sobre você, talvez você se torne incomumente ruidoso, expressivo, emotivo ou sensível. Sei disso por experiência. Sou muito calmo e previsível quando estou adorando ao Senhor, mas, no momento em que me rendo e essa unção fortalecedora repousa sobre mim, fico muito afiado e ousado. Ninguém sabe o que esperar de mim.

Você agora é responsável por esse fortalecimento que o deixa apto para o ministério. Sente sua unção tangivelmente em seu corpo físico. A unção fortalecedora pode fluir de você como um rio de alegria. Em Salmos 45.1, lemos: "Com o coração vibrando de boas palavras recito os meus versos em honra ao rei; seja a minha língua como a pena de um hábil escritor". *Vibrar* significa ferver, arder. O salmista quis dizer: *Meu coração ferve, arde de boas palavras. Não posso contê-lo, estou ardendo em chamas.*

A unção fortalecedora pode ser acompanhada de tremor. No Antigo Testamento, Daniel sentiu a unção em seu corpo, e seus joelhos começaram a tremer (Daniel 10.10). Eu também senti isso em outro culto da sra. Kuhlman. Meu corpo inteiro tremia; meus ossos pareciam estar se soltando das articulações. Senti aquela unção do Espírito Santo muito forte — primeiro fora e depois dentro da igreja em que ela ministrava em 1973, quando a vi pela primeira vez —, tremia inteiro, como se estivesse com frio. Mas eu não estava com frio, não sentia frio algum.

A Bíblia diz que o profeta Jeremias sentiu fogo em sua boca (Jeremias 5.14, NKJ) e em seu coração (Jeremias 20.9). Quando Deus falou por meio de Jeremias, ele sentiu fogo. Eu também senti esse fogo. Nunca esquecerei quando pregava em nossa igreja, a Orlando Christian Center, e em cruzadas, e senti o fogo em minha boca. Deus coloca seu fogo em nossa língua, em nossa boca. A unção fortalecedora queima, e sentimos sua intensidade em nossa boca.

O fogo não está só em sua boca; está também em seu coração. Quando você prega, sente o fogo em seus ossos, no corpo. Eu sentia tanto fogo em mim, tal queimação interna, que pensava que ia explodir! A pele de algumas pessoas fica vermelha como um tomate. Eu via isso na sra. Kuhlman. Ela ficava tão vermelha com o calor da unção fortalecedora que eu podia literalmente senti-lo quando se aproximava.

Uma vez, quando ela veio pelo corredor e se aproximou de mim, seu rosto estava iluminado pelo fogo. Ela estava muito vermelha, inteira, e, quando me olhou, o poder de Deus veio sobre mim. Fui nocauteado só de ela olhar para mim.

Sentimos também o coração queimar. Aprendemos isso com os discípulos que encontraram Jesus no caminho de Emaús.

> Perguntaram-se um ao outro: "Não estava queimando o nosso coração enquanto ele nos falava no caminho e nos expunha as Escrituras?"
> LUCAS 24.32

A queimação e o fogo são duas coisas diferentes. Queimar é o mesmo que ser coagido, pressionado no Espírito.

Você queima e depois testemunha. Essa queimação está fechada dentro de você, deixando-o prestes a explodir. Você sente necessidade de dizer, mas o momento pode não ser o certo. Tem que esperar o tempo de Deus.

Muitas vezes, sentimos uma queimação quando Deus nos dá uma palavra de profecia. Mas temos que esperar o momento certo para liberá-la. Se não esperarmos pelo seu tempo, se falarmos na hora errada, o resultado não será o que Deus planejou. Temos que ficar calados até o momento certo, pois assim a Palavra de Deus terá o maior impacto. Não esqueça:

> O espírito dos profetas está sujeito aos profetas.
> 1CORÍNTIOS 14.32

Aperte o cinto de segurança! Vamos acelerar para a demonstração seguinte da unção fortalecedora.

CAPÍTULO 10

A UNÇÃO FORTALECEDORA PODE SER TRANSFERIDA E ARMAZENADA

Pois bem, a unção fortalecedora não só cresce e você a sente em seu corpo, como também é transferível. Você pode entregá-la. Em 2Reis 4.16-29, a mulher sunamita encontrou Eliseu e lhe disse que seu filho havia morrido. Então, Eliseu disse a seu servo Geazi: "Ponha a capa por dentro do cinto, pegue o meu cajado e corra. Se você encontrar alguém, não o cumprimente e, se alguém o cumprimentar, não responda. Quando lá chegar, ponha o meu cajado sobre o rosto do menino" (v. 29).

Nada aconteceu quando Geazi colocou o cajado sobre o menino, porque ele estava distraído. Eliseu lhe havia avisado para não falar com ninguém porque a distração mata a unção, desliga o fluxo e a tira de nós. Mas isso não muda o fato mostrado aqui: que a unção fortalecedora pode ser transferida para um objeto inanimado como aquele cajado.

Outra passagem bíblica mostra a unção fortalecedora sendo transferida para um corpo morto. De que outra forma os ossos de Eliseu poderiam ressuscitar o homem amalequita em 2Reis 13? A unção fortalecedora que permaneceu nos ossos de Eliseu depois que ele foi sepultado entrou em contato com o corpo do amalequita recém-falecido, e essa unção foi transferida dos ossos de Eliseu para o corpo morto do segundo homem, revitalizando-o e trazendo-o de volta à vida, e o homem se levantou.

A unção fortalecedora pode ser transferida pelas mãos de alguém. Atos 19 diz que as mãos de Paulo transferiram o poder do Espírito Santo. As mãos dele se tornaram o canal do poder. Por esse canal, a unção fortalecedora foi liberada em pedaços de pano que haviam sido levados. Uma vez armazenada nesses trapos, ali permaneceu até ser conectada a seu propósito.

> Deus fazia milagres extraordinários por meio de Paulo, de modo que até lenços e aventais que Paulo usava eram levados e colocados sobre os enfermos. Estes eram curados de suas doenças, e os espíritos malignos saíam deles.
>
> ATOS 19.11,12

Eu vivi isso em meu ministério. Não só a unção fortalecedora era transferida de minhas mãos quando eu tocava algo, como também era transferida de meu corpo para minhas roupas. É por isso que eu às vezes jogava meu paletó nas pessoas. Vi mais poder ser liberado quando jogava meu paletó que quando impunha minhas mãos. Sabe por quê? Porque meu paletó a armazenava.

A princípio, não acreditei. Depois, percebi que era como um pano absorvendo líquido; enquanto eu estava ministrando, ele ia absorvendo cada vez mais. Agora ele armazena mais que quando comecei. E, quanto mais espero, mais poder é liberado.

A unção fortalecedora pode crescer em um objeto, um pedaço de madeira, um pano. Às vezes, pinga da roupa.

A UNÇÃO FORTALECEDORA PODE SER TRANSFERIDA E ARMAZENADA

A mulher com hemorragia em Lucas 8 entendeu isso. Queria apenas tocar a borda do manto de Jesus, e o Senhor sentiu a unção fortalecedora atravessar o pano. "Quem tocou em mim?", perguntou. Ele sabia que havia saído poder. Sentia isso.

Eu também senti isso muitas vezes porque o poder está armazenado em roupas e outros objetos. Não é incrível que Deus nos dê o encargo de guardá-lo para outra hora? Pense nisso.

Podemos transmitir essa unção

A unção fortalecedora é a única que podemos transmitir. Não posso pôr as mãos sobre alguém e dizer: "Seja salvo". Nem posso transmitir a unção permanente de 1João 2.27 que vem na salvação porque essa é o Senhor, e não posso transmitir o Senhor.

Não posso pôr as mãos sobre alguém e dizer: "Receba o Espírito Santo". Isso nem está nas Escrituras. Somente o Senhor Jesus dá o Espírito Santo (v. João 20.22), mas posso transmitir os *dons* do Espírito Santo.

Contudo, nós, a igreja, podemos transmitir o poder e a unção do Espírito Santo. Esta é a unção fortalecedora de Atos 1.8. É a unção que Deus concede a você. Ele aplica a unção fortalecedora em indivíduos cheios do Espírito a quem confia uma posição específica.

Lembre-se do que a Bíblia diz em Atos 6. Houve um probleminha ali. Os discípulos se multiplicaram, e os judeus cristãos locais não estavam cuidando dos judeus cristãos helenísticos, que eram gregos. Suas viúvas estavam sendo negligenciadas. Então, os gregos procuraram o apóstolo para dizer: *Veja, não é justo o que está acontecendo aqui conosco*. E veja o que o apóstolo disse:

> "Irmãos, escolham entre vocês sete homens de bom testemunho, cheios do Espírito e de sabedoria. Passaremos a eles essa tarefa e nos dedicaremos à oração e ao ministério da palavra". Tal proposta agradou a todos. Então escolheram Estêvão, homem cheio de fé e do Espírito Santo, além de Filipe, Prócoro, Nicanor, Timom, Pármenas e Nicolau, um convertido ao judaísmo, proveniente de Antioquia. Apresentaram esses homens aos apóstolos, os quais oraram e lhes impuseram as mãos.
>
> Atos 6.3-6

O poder para o ministério chegou quando lhes impuseram as mãos. Esses indivíduos foram preenchidos pelo Espírito, eram nascidos de novo, fiéis e confiáveis, e então os apóstolos impuseram as mãos neles e transmitiram o poder para o ministério. Precisamos ter cuidado ao pousar as mãos sobre alguém. O Senhor tem que nos dizer para fazer isso. (Falarei mais sobre isso mais tarde.) Mas há momentos em que Deus quer que transmitamos a unção fortalecedora aos outros impondo as mãos neles, por isso devemos obedecer-lhe com cuidado e oração.

Essa unção afeta nossa fraqueza

Sei que cada um de nós tem pelo menos uma fraqueza. Quando a unção fortalecedora vem sobre os indivíduos, ela magnifica tudo. Se sua fraqueza não estiver sob controle, a unção fortalecedora a agitará, porque a unção agita tudo

— o bom e o ruim. A unção fortalecedora sobre você afeta seu corpo e sua alma, mas não seu espírito.

A unção permanente, a unção *em* você, afeta seu espírito e sua vida espiritual. Mas a unção fortalecedora, que está *sobre* você para o ministério, afeta seu corpo e sua alma. Afeta suas emoções e sua força física. É por isso que, sob a unção, as pessoas ficam ruidosas, ousadas, agressivas. É o resultado da unção fortalecedora que agita tudo. Isso é bom, porque nos torna fortes. Mas também desperta coisas ruins, inclusive qualquer fraqueza na vida de uma pessoa.

Todos nós, chamados e não chamados, temos defeitos. Todo mundo, sem exceção. Todos esses defeitos são despertados sob a unção fortalecedora se não forem devidamente controlados. A única maneira de controlar seus defeitos é na presença do Senhor. Quando você pratica a presença de Jesus, essa fraqueza não tem aonde ir e murcha. Fica sob controle. Ainda existe, mas não tem voz, não tem lugar. É como se estivesse paralisada, inerte. Quando você ministra sob a unção fortalecedora de Deus, a fraqueza não aparece porque a presença de Deus sob a unção permanente cuidou dela antes.

Por exemplo, imagine alguém que mente muito. Está sempre contando alguma mentira. Cresceu mentindo porque vivia com medo do pai, da mãe ou da professora, e aprendeu a mentir para não se meter em confusão. (Todas as mentiras começam com medo. Se uma pessoa não é libertada, a mentira se torna uma fortaleza demoníaca.) Por isso, agora está sempre mentindo e não consegue parar.

Contudo, na presença de Deus, essa fortaleza mentirosa perde seu poder e murcha. A pessoa sempre diz a verdade quando o Senhor Jesus está ali. Consegue controlar a mentira porque passa o tempo todo vivendo na presença de Deus, que é o preço que tem de pagar para obter esse controle. O preço, repito, é passar o tempo com ele. Tempo com o Senhor Jesus é o preço que devemos pagar para obter esse controle sobre nossas fraquezas.

Então, Deus pode começar a usar essa pessoa por sua fidelidade; ela conseguiu controlar sua fraqueza. Mas, se ela não passa tempo na Palavra, oração e comunhão, essa fraqueza começa a aparecer de novo. Volta, e logo está vigorosa e em plena floração mais uma vez. Então, a pessoa está sob a unção fortalecedora e não passa tempo com o Senhor, e mente mais quando Deus o está usando que quando não está! Agora, ela conta suas maiores mentiras por meio da pregação!

Se o problema não for a mentira, é mulheres, orgulho, ganância ou qualquer outra coisa. Lembre-se, a unção fortalecedora amplia tudo em uma pessoa, o bom e o ruim. As pessoas estão em seu melhor quando Deus as unge, mas não só o melhor se mostra; o pior também.

É por isso que os maiores fracassos acontecem após os maiores momentos a serviço de Deus, independentemente de qual seja o ministério. Seu maior momento é seu momento mais perigoso, porque, quando Deus usa você, tudo é ampliado. A maioria dos líderes ministeriais que caem em pecado sucumbem depois de seus maiores momentos.

Após uma grande vitória espiritual e um poderoso fluxo da unção fortalecedora, nossas fraquezas podem vir à tona e tentar nos dominar. Precisamos estar cientes dessa sabotagem e nos fortalecer passando mais tempo com o Senhor.

É fácil entender isso quando pensamos no que acontece depois de algum tempo ministrando. As emoções aumentam, mas a força diminui. Ficamos fisicamente cansados. É quando estamos mais vulneráveis. Se essa fraqueza despertar porque você não a controlou na presença de Deus antes de ministrar, você poderá pecar logo depois de Deus o usar.

Ouvi falar de um homem que pregava com grande poder, mas dormia com uma mulher que não era sua esposa toda vez depois de pregar. Isso me incomodava profundamente. Perguntei a Oral Roberts: "Como isso pode acontecer?".

Ele me disse o que acabei de compartilhar com você:

> Todo mundo tem defeitos, Benny. A unção agita tanto as coisas boas quanto as ruins. Passe um tempo na presença de Deus antes de ministrar para que ele os possa aplacar. E ore muito depois que Deus o usar, para não cair em pecado.

Esse exemplo foi sobre pregação, mas se aplica a qualquer coisa que você faça sob a unção fortalecedora. Depois de ter sido usado por Deus, se você se encontrar fraco, se precisar ficar sozinho e orar porque essa fraqueza o levará ao pecado, resista ao desejo de continuar ministrando. Pare imediatamente e vá embora, independentemente de qualquer coisa. Se não fizer isso, se continuar ministrando nesse estado de fraqueza, drenará a pouca força que lhe resta e não será capaz de orar depois.

Vivo isso quando estou ministrando durante algum tempo e mais pessoas me pedem para orar por elas. Penso: "Mesmo estando cansado, preciso ser legal. Tenho que orar por elas". Mas estou dizendo que isso é muito perigoso.

É a pior coisa que você pode fazer quando está cansado. Passar um tempo sozinho em oração para se reconectar com a presença de Deus depois de ministrar sob a unção fortalecedora também é proteção para você. Mantém a fraqueza reduzida e sob controle para que seus defeitos humanos não sejam expostos por seu cansaço. Portanto, diga adeus e fique sozinho em algum lugar para poder conversar com o Senhor Jesus. Assim, poderá permanecer forte e continuar mantendo sua natureza humana sob o controle de Deus.

Meus exemplos geralmente envolvem ministros de púlpito, mas a unção fortalecedora em sua vida fluirá por meio de tudo que Deus o chamou para fazer como cristão. Você pode ser chamado para exercer um cargo de tempo integral em uma igreja ou grande ministério. Talvez Deus o use como empresário, professor, artesão, artista, músico ou escritor. Deus também pode usá-lo em seu papel de cônjuge, pai ou avô.

Seja qual for seu chamado, é a unção que o torna apto a cumpri-lo. Agora, vejamos o que desencadeia essa unção externa, porque, antes que você possa ministrar *pelo* Senhor Jesus, deve primeiro ministrar *ao* Senhor Jesus.

CAPÍTULO 11

O MISTÉRIO DE MINISTRAR PARA O SENHOR EM LOUVOR

É impossível conhecer o Senhor sem adoração; é a única coisa que o revela. Da mesma forma, é impossível ministrar para o Senhor sem adoração, pois ela aciona o poder de Deus e o mantém ativo e fluindo em sua vida. Tanto a unção permanente quanto a fortalecedora dependem da adoração a Deus. Essa é uma verdade maravilhosa, e vou mostrá-la a você nas Escrituras.

> Venham! Cantemos ao SENHOR com alegria! Aclamemos a Rocha da nossa salvação. Vamos à presença dele com ações de graças; vamos aclamá-lo com cânticos de louvor. Pois o SENHOR é o grande Deus, o grande Rei acima de todos os deuses. Nas suas mãos estão as profundezas da terra, os cumes dos montes lhe pertencem. Dele também é o mar, pois ele o fez; as suas mãos formaram a terra seca. Venham! Adoremos prostrados e ajoelhemos diante do SENHOR, o nosso Criador; pois ele é o nosso Deus, e nós somos o povo do seu pastoreio, o rebanho que ele conduz.
>
> SALMOS 95.1-7

Nesse salmo, vemos convites incríveis. Primeiro, somos convidados a cantar com alegria e a aclamar Deus. Nessas alegria e aclamação há uma revelação do que Deus fez em nossa vida. O versículo 1 diz que ele é a "Rocha da nossa salvação". Observe que o convite é repetido no versículo 2 e ainda está relacionado ao louvor e ação de graças. Depois, o salmista diz que ele é um grande Deus e um grande Rei, e somos convidados a adorá-lo. Pois bem, quero focar nisso porque é preciso entender a diferença entre louvor e adoração.

Somos gratos a Deus pelo que ele tem feito em nossa vida. Nós o louvamos por causa de seu poder e sua grandeza. O salmo diz que devemos *adorá-lo*. Veja os versículos 6 e 7: "Adoremos prostrados e ajoelhemos diante do SENHOR, o nosso Criador; pois ele é o nosso Deus, e nós somos o povo do seu pastoreio". Aqui, vemos que a adoração só é possível porque somos o seu povo.

Com base nisso, podemos ver que a ação de graças e o louvor estão em um nível diferente da adoração. Agradecemos pelo que vimos e experimentamos; louvamos pelo que Deus fez. Louvor e ação de graças estão ligados ao mundo natural e às nossas experiências. Como tais, vêm da nossa parte que está conectada ao mundo natural — nossos sentidos e nosso ser físico. Mas *adoramos* com base na noção de quem ele é e como estamos conectados a ele — por meio de nosso eu espiritual. Ao adorá-lo, entramos em sua presença não apenas como seres que ele criou, mas como seus filhos, com o privilégio de desfrutar de sua proximidade enquanto estamos intensamente conscientes de sua natureza sagrada. Vem de nosso íntimo, pois nosso eu espiritual se une ao Espírito de Deus.

Em Salmos 96.9, lemos: "Adorem o Senhor no esplendor da sua santidade; tremam diante dele todos os habitantes da terra". Não é possível adorar a Deus sem uma revelação de santidade e temor do Senhor. É simplesmente impossível.

Seis razões para louvar

Não é possível adorar sem antes aprender a louvar. Essa é uma lição fundamental que não pode ser negligenciada nem ignorada. Eu não sabia disso, até ouvir Kathryn Kuhlman falar sobre o assunto. Vejamos seis razões para louvar.

1. O louvor é onde Deus habita

Em Salmos 22.3, lemos: "Tu, porém, és o Santo, és rei, és o louvor de Israel". Deus habita em nosso louvor. É onde ele habita. É o endereço dele. Se não houver louvor em sua vida diária, não há como você adorar. E, sem adoração, você não pode acessar a plenitude de sua unção na vida. O louvor é onde Deus habita.

2. O louvor nos dá acesso à sala do trono de Deus

Em Salmos 100.4, lemos: "Entrem por suas portas com ações de graças e em seus átrios com louvor". O louvor não nos leva à sala do trono, apenas abre a porta para ela. Somente a adoração permite que nos aproximemos do trono de Deus, mas o louvor abre a porta. Quando louvar ao Senhor, você será convidado a se aproximar. O louvor nos dá acesso.

3. O louvor muda a atmosfera dentro e fora de nós

Isaías 61.3,4 diz: "e dar a todos os que choram em Sião uma bela coroa em vez de cinzas, o óleo da alegria em vez de pranto e um manto de louvor em vez de espírito deprimido. Eles serão chamados carvalhos de justiça, plantio do SENHOR, para manifestação da sua glória. Eles reconstruirão as velhas ruínas e restaurarão os antigos escombros; renovarão as cidades arruinadas que têm sido devastadas de geração em geração". Pense na *renovação* que vem quando você louva ao Senhor. Pôr uma roupa nova não é questão apenas de se sentir melhor. É questão de começar a viver em retidão com poder. É questão de Deus começar a usá-lo para reparar todos os danos que o Inimigo causou em sua vida e na de outros.

4. O louvor traz libertação

Em Salmos 50.23, lemos: "Quem me oferece sua gratidão como sacrifício honra-me, e eu mostrarei a salvação de Deus ao que anda nos meus caminhos". Isso significa libertação. Se você está passando por um ataque demoníaco, o louvor tem o grande poder de libertá-lo. Se estiver com problemas, comece a louvar a Deus. Quando o louvor a Deus tomar conta do espaço ao seu redor, o problema que você enfrenta será forçado a cair de joelhos e terá que ir embora.

O louvor tem um som. Não apenas o som de vozes erguidas ou de uma multidão aplaudindo. O louvor tem som de correntes se quebrando. Pergunte a Paulo e Silas. Quando louvamos a Deus em nossa prisão, correntes caem no chão e as portas da prisão se abrem. Nosso louvor tem até o poder de libertar os outros. O louvor de Paulo e Silas era tão poderoso que sacudia a prisão. O espiritual afetava o natural.

> Por volta da meia-noite, Paulo e Silas estavam orando e cantando hinos a Deus; os outros presos os ouviam. De repente, houve um terremoto tão violento que os alicerces da prisão foram abalados. Imediatamente todas as portas se abriram, e as correntes de todos se soltaram.
>
> ATOS 16.25,26

Também o carcereiro e toda a sua casa foram salvos e batizados graças ao louvor de Paulo e Silas. O louvor liberta as pessoas!

5. O louvor traz proteção e preservação à sua vida

Em Salmos 59.17, lemos: "Ó minha força, canto louvores a ti; tu és, ó Deus, o meu alto refúgio, o Deus que me ama". Davi estava louvando o Senhor por ser seu refúgio, que é proteção. Em Salmos 71.6,7, ele fala de sustento: "Desde o ventre materno dependo de ti; tu me sustentaste desde as entranhas de minha mãe. Eu sempre te louvarei! Tornei-me um exemplo para muitos, porque tu és o meu refúgio seguro". Tanto o refúgio quanto o sustento são encontrados sob a cobertura do louvor.

6. O louvor é nossa arma de guerra

Em Salmos 149.6,8,9, lemos: "Altos louvores estejam em seus lábios e uma espada de dois gumes em suas mãos [...] para prender os seus reis com grilhões e seus nobres com algemas de ferro; para executar a sentença escrita contra eles. Esta é a glória de todos os seus fiéis. Aleluia!". No louvor encontramos o poder de realizar o julgamento de Deus contra nossos inimigos. No tempo de Davi, isso significava restringir fisicamente os homens que estavam no poder e removê-los de seu trono. Em nosso tempo, porém, não estamos lutando contra os homens. Efésios 6.12 diz que "a nossa luta não é contra os seres humanos, mas contra os poderes e autoridades, contra os dominadores deste mundo de trevas, contra as forças espirituais do mal nas regiões celestiais". Usamos o louvor para derrubar esses inimigos espirituais, não para conquistar outras pessoas. Quando erguemos nossa voz em louvor, desarmamos esses poderes espirituais. Quando fizermos isso, pessoas que operavam sob a influência perversa de poderes demoníacos serão desarmadas e perderão o poder que tinham.

***

Essas lições da preciosa Palavra de Deus nos dizem o que acontece quando louvamos ao Senhor: é no louvor que Deus habita; o louvor nos dá acesso; muda nossas vestes; traz libertação, refúgio e sustento; é nossa arma de guerra. O louvor libera o poder de Deus para batalhar em nosso favor. No louvor encontramos o que nos faltava. No louvor, a vitória é nossa!

CAPÍTULO 12

QUANDO O LOUVOR SE TORNA ADORAÇÃO

Não podemos adorar enquanto não entrarmos por meio do louvor. Em Salmos 100.4, lemos: "Entrem por suas portas com ações de graças e em seus átrios com louvor". Louvar irrompe nos tribunais e nos leva à porta. Ao entrar, nossas ações de graças e nosso louvor nos levam à adoração.

Já Salmos 48.1 fornece outra visão sobre como devemos entrar. Ele diz: "Grande é o SENHOR, e *digno* de todo louvor na cidade do nosso Deus". Este versículo diz algo poderoso: Deus não aceitará louvor sem entusiasmo. O que as Escrituras estão dizendo é: *Ele é muito grande. Como você ousa louvá-lo com metade do coração? Ele não aceitará isso.* O versículo nos diz como devemos entrar: louvando e agradecendo a ele de todo o coração, não pela metade. Ele não nos salvou pela metade. Ele não nos redimiu pela metade. Nunca devemos insultá-lo louvando-o pela metade. Se voltarmos a Salmos 95.3-5, veremos por que devemos louvar a Deus com todo o nosso coração.

Pois o Senhor é o grande Deus, o grande Rei acima de todos os deuses. Nas suas mãos estão as profundezas da terra, os cumes dos montes lhe pertencem. Dele também é o mar, pois ele o fez; as suas mãos formaram a terra seca.

Certa vez, fui para o Sinai, e nunca esquecerei a experiência de escalar esse monte à noite. Como não havia poluição, víamos claramente a Via Láctea. Começamos, então, a louvar, espontâneos e exuberantes como nunca. Tudo em nós explodiu, e começamos a gritar nossos louvores com lágrimas escorrendo pelo rosto. Percebemos a grandeza de Deus porque vimos a Via Láctea. Isaías 40.12 diz que Deus marcou os céus com a palma de sua mão. Deus criou as estrelas do céu da meia-noite. As Escrituras declaram que Deus conta as estrelas e lhes dá nomes. Oh, a que Deus poderoso nós servimos!

A natureza nos revela a grandeza de Deus, mas somente o Espírito Santo pode revelar sua sacralidade. Quando você vir a sacralidade dele, sua atitude em relação a ele e a maneira com que interage com ele mudarão completamente. Você se prostrará e adorará ao Senhor, e essa profundidade de adoração transformará sua vida.

Quero abordar uma razão importante para essa mudança de louvor para adoração. O louvor crucifica a carne, e a adoração nos veste com um novo manto. Ao desmantelar a influência de sua carne por meio do louvor, ela cai em submissão a Deus. Ao vestir o manto da adoração, você convida a presença de Deus de uma maneira nova.

É visível a progressão desse processo. Primeiro, você destrói as fraquezas de sua carne com o louvor; a seguir, veste o manto da adoração. Quando você acrescenta a mais profunda adoração ao seu louvor, eleva-se a um patamar mais próximo da presença de Deus.

Vemos essa mudança de louvor para adoração mais uma vez no chamado de Davi para a adoração.

> Venham! Adoremos prostrados e ajoelhemos diante do SENHOR, o nosso Criador; pois ele é o nosso Deus, e nós somos o povo do seu pastoreio, o rebanho que ele conduz. Hoje, se vocês ouvirem a sua voz [...].
>
> SALMOS 95.6,7

Esses versículos mostram como nossa experiência muda à medida que nossa adoração nos leva ao cerne da questão. Entramos em quietude no versículo 6: "Venham! Adoremos prostrados e ajoelhemos diante do SENHOR, o nosso Criador". Quando nos ajoelhamos, não ficamos gritando. Ficamos pacíficos e reverentes quando permitimos que a adoração nos leve à submissão diante da grandeza de nosso Deus.

Então, o versículo 7 diz: "Hoje, se vocês ouvirem a sua voz [...]". Isso implica que sua voz está calada para que você possa ouvir a dele. Quando está adorando, você está em quietude. O versículo 7 dá duas razões para a quietude: (1) ele é nosso Deus e (2) nós somos o povo do seu pastoreio, o que significa que estamos sob os seus cuidados.

Ele é nosso Deus. Ele é o único Ser digno de adoração. Temos permissão para louvar uma pessoa, mas não para *adorá-la*. Só podemos adorar a Deus. A razão disso é que tudo que adoramos nos controla.

Muitas pessoas adoram outras e se encontram sob escravidão. São controladas por um indivíduo que têm em alta conta. Colocam essa pessoa em um pedestal, mas logo tudo desmorona.

Se não adoramos ao Senhor, ele é realmente nosso Deus? É realmente nosso Senhor? Lembre-se do que o

Senhor Jesus diz em Mateus 7; parafraseando: "Você me chama de Senhor, mas não vive isso". Como isso acontece com as pessoas? Elas param de viver isso porque param de adorá-lo como Senhor. Adoração é a chave.

Adoramos porque somos responsivos ao seu amor, ao seu cuidado. Em Salmos 95.7, lemos: "Nós somos o povo do seu pastoreio". Isso mostra que estamos sob o seu cuidado e adoramos em resposta a esse cuidado.

Admiravelmente, o salmo não termina aqui; encerra com um alerta. Os versículos 8-11 dizem:

> Não endureçam o coração, como em Meribá, como aquele dia em Massá, no deserto, onde os seus antepassados me tentaram, pondo-me à prova, apesar de terem visto o que eu fiz. Durante quarenta anos fiquei irado contra aquela geração e disse: "Eles são um povo de coração ingrato; não reconheceram os meus caminhos". Por isso jurei na minha ira: "Jamais entrarão no meu descanso".

A adoração nos leva à fé, e a fé nos leva ao descanso. Mas qual é o descanso dele? Descansar significa não mais se esforçar. Não é preciso trabalhar para alcançar o descanso dele; basta receber. Ele fez tudo, portanto entre e descanse. A vida cristã não é só "fazer, fazer, fazer". O Senhor Jesus não disse "Faça" na cruz. Ele disse: "Feito".

Isso nos coloca diante de uma decisão: adorar ou não? Quando adoramos, ouvimos sua voz. Ao ouvir sua voz, obedecemos e entramos em seu descanso. Assim, a adoração nos leva ao descanso. Jeremias também falou sobre isso.

> Dei-lhes, entretanto, esta ordem: Obedeçam-me, e eu serei o seu Deus e vocês serão o meu povo. Vocês andarão em todo o caminho que eu ordenar, para que tudo vá bem a vocês.
>
> JEREMIAS 7.23

Quando está tudo bem, você está em um lugar de bênçãos e descanso. Não é questão de orar e jejuar, implorar e suplicar, bater no chão e concluir que Deus não o ouve. Você não está tentando fazer acontecer; está acontecendo por si só. Mais uma vez, a obediência segue a adoração. A adoração produz obediência. O louvor não produz obediência; a adoração sim. No momento em que você passa do louvor à adoração, ouve a voz dele. E, quando obedece à voz dele, há descanso.

Nada move a mão de Deus tão depressa quanto a adoração. Nada.

Nos anos 1970, eu me deitava na cama e adorava a Deus no meio da noite. Eram horas maravilhosas para mim! Deus começou a me visitar naqueles primeiros dias porque eu passava um tempo adorando-o. Colocava *Alleluia!*, de Bill Gaither, repetidas vezes. Eu me deitava na cama com as mãos para cima, só ouvindo músicas de adoração, com as luzes apagadas, e as lágrimas molhavam meu travesseiro. Eu falava com o Senhor Jesus e o amava. Acredito que essa intimidade com o Senhor foi o que deu início a meu ministério. Toda vez que alcanço esse nível de intimidade, vejo uma nova ressurreição da unção em minhas reuniões.

A adoração é vital. Pessoas que não adoram são secas e mortas. E, quando tentam ministrar, fica óbvio que não há unção ali. Você só quer que a pessoa *pare* porque não há poder ali. Mas, quando os verdadeiros adoradores ministram, a atmosfera fica carregada de poder dinâmico. A presença de Deus não pode ser confundida. Ficam todos vidrados em tudo que esses adoradores dizem e fazem porque Deus está ali com eles. Quando o louvor se transforma em adoração, tudo muda. O clima muda, e vidas são transformadas. Sentimos melhor a presença de Deus em uma atmosfera de adoração.

CAPÍTULO 13

MINISTÉRIO *PARA* O SENHOR, NÃO *PELO* SENHOR

Tudo que escrevi nestes dois últimos capítulos foi sobre o que chamo de ministrar para o Senhor. Quando você dedica tempo a adorar e amar ao Senhor, ministra *para* o Senhor, não *pelo* Senhor. Seu ministério *para* o Senhor é o fundamento de seu ministério *pelo* Senhor. Essa é uma verdade poderosa. Deixe que ela penetre seu ser.

Seu ministério para *o Senhor é o fundamento de seu ministério* pelo *Senhor.*

Deuteronômio 10.8 fala sobre a ordem levítica que Deus estabeleceu:

> Naquela ocasião o SENHOR separou a tribo de Levi para carregar a arca da aliança do SENHOR, para estar perante o SENHOR a fim de ministrar e pronunciar bênçãos em seu nome, como se faz ainda hoje.

Deus estabeleceu uma tribo inteira designada a fazer uma única coisa: ministrar para o Senhor. Eles tinham que estar diante do Senhor e ministrar para ele.

Nosso ministério *para* Deus vem antes do ministério *por* Deus. Não podemos ministrar para as pessoas sem ter ministrado para ele primeiro, porque não podemos dar o que não temos. Se você já esteve na presença de Deus, pode levar as pessoas para lá. Se já esteve na presença de Deus, sabe exatamente como entrar e levar as pessoas. Quando você adora, ele aparece.

Igrejas de todos os lugares têm cantores talentosos para liderar o louvor que muitas vezes não passam tempo suficiente com o Senhor. Não podem levar a congregação à presença do Senhor se raramente passam tempo lá. Para ter uma experiência mais profunda na presença de Deus em nossas igrejas e ministérios, temos que analisar nossas prioridades e abraçar o poder da comunhão pessoal com o Senhor e nosso ministério *para* o Senhor, para que possamos ter um ministério dinâmico *pelo* Senhor. Precisamos mostrar a nossos líderes de louvor e ministros a importância de ter uma caminhada diária pessoal com o Senhor Jesus. É absolutamente imperativo que nossos líderes deem o exemplo nessa área, demonstrando um tempo diário de adoração pessoal.

Quando eu fazia cruzadas, adorava a partir das 14 horas até a hora do culto. Eu me concentrava no Senhor durante várias horas. E, quando andava por aquela plataforma, ele andava comigo. Por quê? Porque ele estava comigo desde as 14 horas. Entendo que talvez você tenha um chamado muito diferente do meu, mas, mesmo assim, deve passar tempo suficiente com o Senhor para manter sua vida espiritual forte e vibrante.

Em 1Samuel 3.1, as Escrituras dizem que Israel estava passando por uma seca espiritual, uma época de fome espiritual. A voz do Senhor não era ouvida. Diz: "O menino Samuel ministrava perante o SENHOR, sob a direção de Eli; naqueles dias raramente o SENHOR falava, e as visões não eram frequentes". Não podemos deixar de notar que esta é a condição dos Estados Unidos e do mundo agora.

Samuel começou a ministrar para o Senhor ainda criança, o que trouxe de volta o profético. Quando Samuel se deitava, o Senhor chamava seu nome. Ele não reconheceu a voz do Senhor na primeira vez, nem na segunda, nem na terceira. Só na quarta vez percebeu que era o Senhor que falava. Mas por que Deus falava com ele? Porque ele estava ministrando para o Senhor. Isso nos leva ao que escrevi sobre o salmo 95. Quando começamos a adorar, Deus fala conosco. É bem simples. Ele até falou com um garotinho que nunca havia ouvido sua voz antes.

O avivamento chegou a Israel porque um garotinho mudou toda a atmosfera ao ministrar para Deus. O que aconteceria com Canadá, Estados Unidos, Quênia e China se os filhos de Deus começassem a ministrar para ele? O avivamento se derramaria sobre nossas nações. Se Deus ouviu Samuel, vai ouvir você. Se Deus derramou avivamento para Israel, fará isso por *sua* nação. Pense no que você poderia fazer se começasse a ministrar para o Senhor e passasse mais tempo adorando que suplicando, mais tempo adorando que jejuando, mais tempo adorando que orando.

Em 1Samuel 3, Deus visitou Israel por causa de um menino, e em 2Crônicas 5.13 Salomão terminou de construir o templo. Deus não apareceu quando terminaram a construção; não apareceu quando sacrificaram todos os animais. Apareceu quando todo o povo de Israel adorou ao Senhor em uma só voz. A glória de Deus desceu. Em 2Crônicas 7.1-3, o fogo também caiu sobre Israel porque eles ministravam para o Senhor.

Em Atos 13, Deus chamou o apóstolo Paulo enquanto ele ministrava para o Senhor. O versículo 2 diz: "Enquanto adoravam ao Senhor e jejuavam, disse o Espírito Santo: 'Separem-me Barnabé e Saulo [que ficou conhecido como Paulo] para a obra a que os tenho chamado' ". Deus não chamou Paulo no caminho de Damasco. Também não o chamou quando ele foi para a Arábia. Paulo foi para a Arábia por catorze anos e depois foi para Jerusalém para se assegurar de que o que havia ouvido e visto era verdade. Ele voltou a fazer tendas em sua cidade natal.

Barnabé o encontrou e o levou para Antioquia, na Síria. Enquanto ele estava em Antioquia ministrando para o Senhor, Deus disse: "Agora eu o quero". Eles estavam ministrando para o Senhor. Toda vez que a adoração se move, Deus se move, chamando pessoas para o ministério, como chamou Paulo.

Você deseja que Deus o chame para o ministério? Deseja ser usado por Deus? Então, comece hoje a ministrar *para* Deus; faça disso sua prioridade. A prática de seu ministério *para* o Senhor será o fundamento, a plataforma de lançamento de seu ministério *pelo* Senhor.

Em Daniel 7, os anjos ministram para o Senhor e, como resultado, o julgamento recai sobre os ímpios. O anticristo é julgado por causa da adoração. Está tudo lá.

> "Enquanto eu olhava, tronos foram colocados, e um ancião se assentou. Sua veste era branca como a neve; o cabelo era branco como a lã. Seu trono era envolto em fogo, e as rodas do trono estavam em chamas. De diante dele, saía um rio de fogo. Milhares de milhares o serviam; milhões e milhões

> estavam diante dele. O tribunal iniciou o julgamento, e os livros foram abertos. Continuei a observar por causa das palavras arrogantes que o chifre falava. Fiquei olhando até que o animal foi morto, e o seu corpo foi destruído e atirado no fogo."
>
> DANIEL 7.9-11

Deus destrói o anticristo graças à adoração em glória. Move a mão de Deus contra os seus inimigos. Quando você é adorador, não precisa lutar contra os seus inimigos. Deus cuida disso; o exército dele é enviado para a batalha em seu nome. Os adoradores são protegidos. Deus vai lutar por você.

Deus põe seu amor sobre nós

Agora, quero focar no motivo de termos tanto poder com Deus. É porque somos seu povo. Nós somos seus filhos. Deuteronômio 32.9 diz: "Pois o povo preferido do SENHOR é este povo". Deuteronômio 7.7 diz que ele se afeiçoou a nós. Deus não pôs seu amor nos anjos; pôs seu amor sobre nós, e a Bíblia diz muito claramente em 1João 4.19 que ele nos amou primeiro: "Nós amamos porque ele nos amou primeiro".

Nós somos a igreja de Jesus Cristo; somos filhos de Deus. Ele nos ama com amor incondicional e eterno. Como seus filhos amados, com ele temos muita influência. Quando oramos, passamos muito tempo focados em nossos problemas, necessidades, inimigos e batalhas espirituais. Esse tempo precioso seria mais bem empregado expressando nosso amor, devoção e adoração àquele que pode transformar nossa vida e operar todas as situações para o nosso bem.

Dois versículos de Isaías 43 dizem coisas poderosas. No versículo 7, Deus declara que ele criou você para ele mesmo. No versículo 21, reafirma isso.

> "[...] todo o que é chamado pelo meu nome, a quem criei para a minha glória, a quem formei e fiz. [...] ao povo que formei para mim mesmo a fim de que proclamasse o meu louvor".
>
> ISAÍAS 43.7,21

Por que ele criou você? Para que você possa adorá-lo. Esse é o propósito de nossa criação; tudo que somos chamados a fazer remete a esse propósito singular. *Fomos criados para adorá-lo.* Isso é muito, muito poderoso.

Em Efésios, vemos que, quando nos entregamos a ele, ele se entrega a nós.

> Não deixo de dar graças por vocês, mencionando-os em minhas orações. Peço que o Deus de nosso Senhor Jesus Cristo, o glorioso Pai, dê a vocês espírito de sabedoria e de revelação, no pleno conhecimento dele. Oro também para que os olhos do coração de vocês sejam iluminados, a fim de que vocês conheçam a esperança para a qual ele os chamou, as riquezas da gloriosa herança dele nos santos.
>
> EFÉSIOS 1.16-18

Ele quer derramar suas riquezas em você. Deus quer salvá-lo para que você possa conhecê-lo. A esperança de seu chamado são as riquezas da glória de sua herança nos santos. Pense nisso. Há uma herança *em* você. Ele se dá a você como você se dá a ele.

Moisés não apenas assentiu a Deus; ele se jogou no chão e adorou.

> Imediatamente Moisés prostrou-se com o rosto em terra e o adorou.
>
> ÊXODO 34.8

Um adorador salvou uma nação inteira. Nunca subestime o poder que é liberado quando adoramos a Deus.

Lembra-se da mulher que tinha uma filha possuída pelo demônio em Mateus 15.21-28? Ela foi ao Senhor, e ele a ignorou. Os discípulos tentaram se livrar dela; então, ela voltou para Jesus. Ele a chamou de forasteira, disse que não fazia parte da aliança da época, mas ela se prostrou e o adorou. Quando fez isso, ela derrubou todos os obstáculos de seu caminho.

Naquela época, só Israel tinha o direito de receber qualquer coisa de Deus. Essa mulher não tinha o direito de esperar nada de Jesus, mas ela não deixou que isso a impedisse.

> Saindo daquele lugar, Jesus retirou-se para a região de Tiro e de Sidom. Uma mulher cananeia, natural dali, veio a ele, gritando: "Senhor, Filho de Davi, tem misericórdia de mim! Minha filha está endemoninhada e está sofrendo muito". Mas Jesus não lhe respondeu palavra. Então seus discípulos se aproximaram dele e pediram: "Manda-a embora, pois vem gritando atrás de nós". Ele respondeu: "Eu fui enviado apenas às ovelhas perdidas de Israel". A mulher veio, adorou-o de joelhos e disse: "Senhor, ajuda-me!"
>
> MATEUS 15.21-25

A adoração mudou tudo. Antes de ela adorar, Jesus ignorou a existência dela. Depois que ela adorou, o Senhor se dirigiu a ela pela primeira vez. Não lhe deu a resposta que ela queria, mas ela continuou adorando-o, e sua adoração surgiu.

> Jesus respondeu: "Mulher, grande é a sua fé! Seja conforme você deseja". E, naquele mesmo instante, a sua filha foi curada.
>
> MATEUS 15.28

"Grande é a sua fé", disse ele. "Seja conforme você deseja." Ela cancelou a oposição com adoração, e sua filha foi curada.

Vejamos mais uma vez Paulo e Silas na prisão, em Atos 16.

> Por volta da meia-noite, Paulo e Silas estavam orando e cantando hinos a Deus; os outros presos os ouviam. De repente, houve um terremoto tão violento que os alicerces da prisão foram abalados. Imediatamente todas as portas se abriram, e as correntes de todos se soltaram.
>
> ATOS 16.25,26

Quando eles começaram a adorar, as portas da prisão se abriram e as correntes se soltaram. Deus ainda se move da mesma maneira que naquela época.

Essa é a chave do poder. Quando você adora ao Senhor onde quer que esteja, Deus aparece e muda sua vida. A adoração nunca vai cansar você. Outras coisas podem cansá-lo, mas a adoração não.

Antes de Billy Graham morrer, perguntaram a ele: "Você teria feito algo diferente?". Ele respondeu: "Eu teria ficado mais em casa e dito a Jesus quanto o amo". Vivo para uma única coisa: dar toda a glória ao Senhor Jesus. Faço isso honrando seu precioso nome, amando-o com todo o meu ser e sendo agradável a ele. Quando olhar para trás, quero poder dizer que fiz essas coisas. Simples assim.

Quando largar este livro, hoje, talvez você não consiga dormir. Ponha uma música de adoração e fale com o Senhor enquanto estiver deitado. Garanto que, se você arranjar tempo para ele, ele o encontrará. Você vai acordar revigorado e forte porque o Senhor o visitou.

CAPÍTULO 14
O MISTÉRIO DA RENDIÇÃO

O último culto de Kathryn Kuhlman em Pittsburgh, Pensilvânia, foi difícil para ela. Sei porque eu estava lá.

Participei aquele dia como muitas vezes antes. Mais tarde, por meio de sua equipe acertei para que nos encontrássemos duas semanas depois. Infelizmente, duas semanas depois ela não pôde comparecer porque estava morrendo. Voltei para casa muito decepcionado por não ter conhecido Kathryn Kuhlman pessoalmente.

Um ano depois, para meu grande espanto, Maggie Hartner, que dirigia a Fundação Kathryn Kuhlman, disse-me que eu conduziria o culto fúnebre da sra. Kuhlman em Pittsburgh. Eu havia começado a pregar como evangelista naquela época, mas tinha apenas 24 anos e nunca a conhecera. Como eu poderia conduzir o culto fúnebre? Estava com tanto medo que nem queria perguntar por que Maggie havia me escolhido. Mas fiquei pensando: "Por que eu? Por que ela não escolheu outra pessoa que a conhecia?". Eu não conseguia entender, mas tomei o convite como uma grande honra e me preparei o melhor que pude.

Chegou o dia do culto. Naquela tarde, fui ao lindo escritório da fundação, no sétimo andar do Hotel Carlton, no centro de Pittsburgh. Entrei e vi fotos de John F. Kennedy penduradas nas paredes ao lado de belas obras de arte. Conheci Maggie

Hartner, e ela me mostrou a cadeira da sra. Kuhlman. Fiquei tão emocionado que nem queria chegar perto. Parecia uma criança em uma loja de doces, olhando em volta, admirado.

Maggie mencionou que eu pregaria no culto mais tarde e fez a seguinte declaração: "Benny, não ore nem suplique a Deus para ungir você. Se fizer isso, ficará tão focado em si mesmo que Deus não poderá usá-lo". Então, sugeriu que eu tirasse um cochilo. Eu não podia acreditar!

Com o passar do tempo, aprendi muito sobre a unção com as palavras dela. Mas, na época, fiquei pensando: "Essa é a mulher menos espiritual que já conheci! Não vou dormir. Não me interessa o que ela diz!". Então, fiz exatamente o que ela me havia dito para não fazer: orei e supliquei: "Oh, Deus! Ai, Jesus!". Estava com tanto medo que fiquei todo amarrado.

Então, chegou a hora do culto. Olhei pela cortina e fiquei ainda mais assustado. Vi a grande multidão no Carnegie Music Hall, um dos prédios mais bonitos de Pittsburgh. Todas as pessoas que haviam trabalhado com a sra. Kuhlman estavam lá, e o coral estava na galeria. E o pequeno Benny Hinn tinha que ministrar? Ninguém sabia quem era Benny Hinn. Ninguém nem sabia que cara eu tinha.

Era hora de começar. Jimmie McDonald, solista da sra. Kuhlman, deveria iniciar o culto mostrando o único vídeo de seu ministério que ela permitira que fosse feito. Era de Las Vegas, gravado durante seu último culto realizado em um grande estádio.

O plano era que Jimmie McDonald me apresentasse antes do vídeo, que duraria noventa minutos, e, quando o filme terminasse, ele cantaria *There's Something About That Name*. E, enquanto ele cantasse, eu deveria entrar no palco e começar.

Eles passaram o filme, e eu esperei atrás da cortina.

O filme terminou, e ele cantou a música. Eu ainda estava atrás da cortina.

Ele cantou pela segunda vez. Eu ainda estava atrás da cortina.

Então, Jimmie McDonald disse à multidão: "Agora, enquanto cantamos pela última vez, Benny Hinn vai entrar", e cantou mais uma vez. Quando terminou, eu ainda estava atrás da cortina!

Fiquei grudado no lugar até que um assistente de palco chegou por trás de mim e me forçou a entrar! Essa foi minha apresentação à multidão de Kathryn Kuhlman.

Os músicos continuaram tocando suavemente, mas outra música. Como eu estava morrendo de medo, meu cérebro congelou, e eu só consegui ficar cantando a mesma música de antes. Mas, como os músicos estavam tocando outra, estavam em outro tom. Comecei a cantar nesse tom, que era tão alto que cantei terrivelmente. Os músicos não sabiam me seguir; então, pararam, e eu me peguei cantando *a cappella*.

Parei na metade. Não podia continuar cantando porque o tom era muito alto. A multidão ficou olhando para mim, e eu só pensava em sair correndo e voltar para casa. Então, aconteceu algo que nunca vou esquecer.

Todo mundo ainda estava em pé, olhando para mim. Foi um desastre total, até que levantei as mãos e gritei: "Querido Jesus, Querido Jesus! Eu não posso fazer isso! Eu não posso fazer isso!".

Então, ouvi o Senhor dizer: "Estou feliz! Agora sim!".

Quando comecei a ministrar, o Senhor assumiu, e o poder de Deus desceu poderosamente. As pessoas começaram a ser curadas. As mulheres que haviam ministrado com a sra. Kuhlman saíram de seus lugares, correndo pelo corredor. Pessoas se levantaram de cadeiras de rodas. O poder milagroso de Deus desceu. Fiquei completamente maravilhado, assim como a equipe de Kathryn Kuhlman. Depois, tendo visto o que aconteceu, Maggie veio até mim e disse: "Rapaz, você conseguiu". Eu não sabia o que ela queria dizer com isso. Ela acrescentou: "Queremos que você volte mensalmente". Fui mensalmente e comecei a realizar cultos para a Fundação Kathryn Kuhlman no Soldiers and Sailors Memorial Auditorium. Depois, comecei a viajar com a fundação pelos Estados Unidos e pelo Canadá. Fiz isso durante quatro anos, e foi aí que as pessoas começaram a conhecer o ministério que o Senhor me deu.

Tudo começou quando eu disse: "Eu não posso fazer isso!". O problema com muitos cristãos e líderes ministeriais é que acham que podem fazer isso. Mas tenho uma novidade: *você não pode*. Só Deus pode! Você tem que se render. Não tente se virar sozinho.

Após o culto fúnebre, Maggie veio até mim e disse: "Kathryn sempre dizia: 'Não são suas orações; não é sua habilidade; é sua rendição'. Aprenda a se render, Benny". Eu sabia que suas palavras eram a chave para ministrar sob a poderosa unção de Deus, por isso voltei para meu quarto no hotel e comecei a orar para que o Senhor me ensinasse como me render.

A rendição é o segredo

Compartilhei essa história sobre a rendição por uma razão: é a chave para ministrar sob a unção fortalecedora.

O MISTÉRIO DA RENDIÇÃO

Quando o Senhor e você se tornam uno na salvação, a unção permanente é imediatamente liberada em você. Essa unção provoca fome, fé e amor pelo Senhor. Acende a Palavra, a comunhão e a adoração. Então, quando Deus começa a transformá-lo, a unção fortalecedora *para o ministério* desce sobre você. A unção permanente está em ação e dá clareza à unção fortalecedora para o ministério. Não há nada que você possa fazer para que a unção fortalecedora desça, mas, quando isso acontece, é você quem deve liberá-la. E liberar a unção é render-se, como tirar mel da rocha.

Essa verdade é encontrada em Deuteronômio 32.13. Entrarei em mais detalhes no capítulo seguinte.

Preste atenção, pois, se não entender este tópico, perderá muito. Foque nestas palavras: *render-se é tirar mel da rocha*. Em outras palavras, você tira, extrai a unção quando se rende à presença do Senhor. Se todo mundo aprendesse a fazer isso, ninguém jamais perderia o poder de Deus.

Render-se é tirar mel da rocha.

É por isso que o poder de Deus desceu quando me rendi no culto fúnebre de Kathryn Kuhlman. No momento de minha entrega, o Senhor Jesus veio e tocou seu povo. Fui ao hotel naquela noite e comecei a orar para que o Senhor me ensinasse a me render e aprendi essa lição. É por isso que eu adoro em todas as minhas reuniões até hoje. Sempre que levo pessoas a crer nas curas e milagres de Deus, nós adoramos o Senhor. E, quando adoramos a Deus, chega o momento em que o Senhor Jesus se torna muito real. E, quando Jesus se torna real para mim, eu me rendo. No instante em que me rendo, o poder desce. É como uma manta que cobre o meu ser.

Creio que Deus quer usar você nos últimos dias, que estão chegando. Mas você tem que aprender a extrair a unção da glória e da presença de Deus. A chave é se render no momento em que Jesus se torna real para você. Por quê? Porque você não pode se render a alguém que não conhece. Não pode se render a alguém que não é real para você. Você não se rende ao ar, e sim a uma pessoa. É por isso que só pode se render quando ele se torna tangível para você.

CAPÍTULO 15

O MISTÉRIO DOS LUGARES ALTOS

É nos lugares altos que encontramos o Senhor face a face. Para entender isso na Palavra de Deus, vamos ler a seguinte passagem bíblica sobre Jacó.

> "Ele o fez cavalgar nos lugares altos da terra e o alimentou com o fruto dos campos. Ele o nutriu com mel tirado da rocha, e com óleo extraído do penhasco pedregoso."
>
> DEUTERONÔMIO 32.13

Os "altos da terra" são lugares onde a unção fortalecedora e a Palavra de Deus fluem livremente. São lugares de intenso culto. Isaías cita os lugares altos quando fala sobre onde a águia pode voar. Ele diz: "Mas aqueles que esperam no SENHOR renovam as suas forças. Voam alto como águias" (Isaías 40.31). Observe que ele diz que sobem, voam alto. O salmo 91 também se refere a isso: o refúgio do Altíssimo é o lugar alto. É o mesmo lugar. Assim, os lugares altos da terra são lugares onde o demoníaco não atua.

Vejamos Deuteronômio 32.13 de novo: "Ele o fez cavalgar nos lugares altos da terra". A adoração o leva até lá. Quando Moisés diz: "e o alimentou com o fruto dos campos", quer dizer que a Palavra volta a viver nele, produzindo mais adoração e transformação.

Quando Moisés diz: "Ele o nutriu com mel tirado da rocha", a rocha é o Senhor. Moisés está dizendo que, quando você se rende, ele derrama mais de sua Palavra, de seu óleo em seu ser.

Observe a ordem das coisas. O óleo flui por causa do mel. Primeiro vem o mel e depois o óleo. Primeiro os lugares altos e depois a unção. Você recebe a Palavra, e ela acende a adoração, que acende a transformação. Então, a unção fortalecedora vem sobre você para o ministério, e você a extrai ao se render ao Senhor.

Você precisa vivenciar os altos do espírito para ter a unção fortalecedora para o ministério. Deus [a rocha] a dá, mas você não a receberá se não souber como extraí-la. É nos lugares altos que a realidade tangível de Deus é conhecida. Quando estamos mergulhados na Palavra, na comunhão e na adoração, no espírito nos elevamos a um platô. Quero dizer o mesmo de outra maneira para ter certeza de que você entenderá. Quando você adora, e a Palavra de Deus e a comunhão são profundas, seu eu espiritual vai para um lugar alto. E, nesse lugar alto, a presença de Deus é tangível. Vai além de ser sentida; ela é *sabida*.

Quando a presença do Senhor Jesus é real, a alma se aquieta, como falei no Capítulo 7. "Parem de lutar! Saibam que eu sou Deus!" (Salmos 46.10). No momento em que o Senhor se torna real, tudo para. Na presença do Senhor, as lágrimas são a linguagem. Na presença do Senhor, há tal realidade que desconecta a carne. Em outras palavras, quando a presença do Senhor é real, você chega a um ponto em que se perde de si mesmo. A presença de Deus ultrapassa sua presença. Quando a presença de Deus ultrapassa a sua, você está no lugar alto. Quando você se perde de si, é quando pode extrair a unção.

> Ao descer do monte Sinai com as duas tábuas da aliança nas mãos, Moisés não sabia que o seu rosto resplandecia por ter conversado com o SENHOR.
> ÊXODO 34.29

Voltemos a Deuteronômio 32.13, que fala de lugares altos, mel e óleo. Os lugares altos são locais de grande abundância espiritual. Quando estamos em adoração, quando estamos nesses lugares maravilhosos onde a presença de Jesus é mais real que a própria vida, há bênçãos abundantes. Tudo é abundante nesses lugares.

Lembre-se: esperar no Senhor é a chave. Se não estiver disposto a esperar, nunca chegará lá. Mas, quando chegar, estará em uma abundância incrível. É aí que o mel começa a fluir da rocha, representando a verdade da revelação da Palavra. É aí que Deus começa a revelar sua Palavra para você, e aí fica fácil se render à Palavra de Deus porque você está no alto. A unção fortalecedora flui, por isso o esforço não é árduo.

Três caminhos para os lugares altos

Você pode chegar aos lugares altos sozinho; não precisa liderar uma grande multidão dentro de um auditório, como costumam ser meus exemplos. Não precisa levar ninguém junto. Há três caminhos para os lugares altos: a Palavra de Deus, a comunhão (oração) e a adoração.

A ordem importa? Acredito que sim. A Palavra alimenta sua comunhão com Deus em oração. Quando você lê a Palavra, a comunhão com ele não só aumenta, como se acende! A oração, que chamo de comunhão porque é isso que é, pode levá-lo ao alto. Mas a comunhão é inflamada e energizada pela Palavra. Comunhão sem a Palavra não tem poder.

Quando você dedica tempo à preciosa Palavra de Deus, ela começa a dar poder vivificante à sua alma e ao seu espírito. A Palavra de Deus é viva e, instantaneamente, gera comunhão com Deus. Você entra em uma comunhão incrível com o Senhor e diz a ele quanto o ama e como ele é glorioso.

Você se conecta com o coração do Senhor, e a adoração flui daí. E, quando a adoração começa, acelera sua velocidade. Você passa dos níveis baixos aos altos — lugares altos — depressa. E, quando chega lá em cima, tudo é abundante e gratuito.

Então, a unção é revelada. E você me pergunta: "Pastor Benny, por que você diz que ela é revelada?". Porque a Bíblia diz que o poder de Deus está oculto.

> Seu esplendor era como a luz do sol; raios lampejavam de sua mão, *onde se escondia o seu poder.*
> HABACUQUE 3.4

Habacuque 3.4 e Deuteronômio 32.13 andam juntos. Quando o poder oculto de Deus é revelado, quando a unção está pronta para ser liberada, você precisa extraí-la. E, mais uma vez, como consegue essa unção? Rendendo-se.

Quando ministro diante de uma multidão, e estou adorando no alto, é quando canto a canção *Aleluia*, porque permite que as pessoas entrem na presença de Deus. Quando estou nesse alto lugar de adoração e canto essa música, sei que ela me dá a realidade, a substância e a tangibilidade dele. Quando o Senhor se torna real para mim, eu me rendo.

Se você não tem um ministério como o meu, que é público, sua adoração particular do Senhor pode levá-lo ao alto. Quando está nesse lugar, você se rende facilmente. Não há luta. Você não precisa se esforçar. Vai direto para a unção fortalecedora e sente o poder de Deus em seu corpo. Então, o poder de Deus flui através de você para realizar qualquer serviço cristão que ele o chame para fazer.

CAPÍTULO 16

O MISTÉRIO DOS FLUXOS DE ELIAS E ELISEU

O que acontece depois de você extrair a unção com sua rendição? Para responder a isso, preciso explicar os fluxos de Elias e Eliseu. Em poucas palavras, o fluxo de Elias é a declaração da Palavra de Deus, e o fluxo de Eliseu é a adoração na presença do Senhor.

A adoração no ministério de Eliseu trouxe a manifestação do Espírito do Senhor para ele. Mas a pregação de Elias trouxe a manifestação da Palavra de Deus para ele. A pregação de Elias o colocou no fluxo da unção para o ministério. Para Eliseu, foi a adoração.

No momento em que você prega a Palavra e se manifesta a presença de Jesus, você deve se render. No momento em que sua adoração manifesta a presença de Jesus, você deve se render. *Se continuar pregando ou adorando, você perderá o momento.* No instante em que o Senhor se manifesta, está dizendo a você: "Estou pronto para tocar meu povo. Deixe-me". Você o trouxe à cena com sua pregação ou adoração e agora precisa liberar a presença e o poder do Senhor por meio de sua rendição.

Se não se render, você perde o momento, que pode não acontecer de novo. Talvez você tenha que adorar por um longo tempo para reconstruir tudo quase do zero. É muito trabalho. Nunca permita que ninguém interfira nesse momento de adoração, por mais importante que seja a pessoa para você.

No instante em que a presença do Senhor se manifesta, você deve se render. Pode ser que você esteja lecionando, pregando, conduzindo um estudo bíblico ou um pequeno grupo, ou ministrando a um indivíduo, e acha que tem muito mais a dizer, mas a presença do Senhor se manifesta. Pare de falar imediatamente e entregue-se a ele.

Não deixe sua mensagem estragar o momento para a pessoa a quem você está ministrando. Você trouxe a presença do Senhor com a Palavra e talvez pense: "Ainda não terminei". Mas, quando Deus diz: "Você terminou. Estou aqui", você deve se render imediatamente. Depois que você se rende, o Senhor começa a fluir. O Senhor se move. Você extraiu o poder dele por meio da rendição.

Quando ele manifesta sua presença, você deve se render. Deve render-se à pessoa de Cristo Jesus. Uma vez que ele se torne real por meio da Palavra ou da adoração, você tem que se render. Em certos momentos, você precisará dar outro passo e orar em línguas sozinho.

Aqui está outro ponto importante: as pessoas a quem você ministra não podem acompanhá-lo na entrega ao Senhor. Só você pode extrair a unção; elas não. A adoração é *sua*. A pregação ou lição é *sua*, não delas. Você é o transmissor; elas são os receptores. É a adoração do transmissor que move Deus, não a dos receptores. Enquanto você está adorando, elas se juntam a você. E, quando elas se juntam a você, o Senhor também ministra para elas.

Isso me faz lembrar uma coisa: conheci alguns ministros, e tenho certeza de que algumas pessoas talvez se sintam indignas de adorar a Deus publicamente. Ponha isto em seu coração agora: a adoração não tem a ver com o valor do adorador. A *adoração tem a ver com a dignidade daquele que está sendo adorado*. Deus é digno de nossa adoração!

A adoração da multidão ainda é vital em um ambiente de ministério de plataforma porque conecta as pessoas à rendição do ministro. Quando você se rende, a adoração das pessoas imediatamente manifesta a presença do Senhor Jesus. A adoração delas imediatamente traz a realidade dele para elas. A realidade do Senhor tocará primeiro você, servo, e depois tocará as pessoas que estão ali para receber ministração.

Quando estiver adorando a Deus, sozinho ou publicamente, use canções que já se mostraram capazes de movê-lo. Eu amo músicas como *Alleluia, Glory to the Lamb* e *Oh, the Glory of His Presence*. Por quê? Porque essas músicas foram escritas com base em uma experiência com o Senhor e trazem de novo essa experiência. Não estou dizendo que essas são as únicas músicas ungidas, mas, se você escolher uma música que não seja ungida, perderá, porque ela não tocará.

Acho que só ouvi Kathryn Kuhlman cantar umas poucas músicas: *How Great Thou Art, He Touched Me, He's the Savior of My Soul*, que ela escreveu, *There's Something About That Name*, e sempre *Alleluia*. A glória descia porque eram canções que tocavam o coração dela. Tornaram-se dela, e, quando ela as cantava, sua adoração tocava o coração do Senhor. Ele se manifestava para ela, tornava-se real para ela.

Ela se rendia a ele e, como resultado de sua entrega, a presença de Deus permeava o auditório. Quando a presença de Deus começava a permear o auditório, as pessoas sentiam sua presença enquanto o adoravam. É em momentos assim que os milagres acontecem. É quando esse poderoso poder toca as pessoas.

Quando me rendo — o que já aconteceu milhares de vezes —, imediatamente sinto o poder descer sobre mim. Sinto a eletricidade, o fogo. Sinto a unção avassaladora do Senhor. Às vezes, é um poder tão glorioso que parece que minha carne vai explodir. Nesse momento, fico ousado, forte, efusivo, ruidoso e intenso, porque é algo emocional.

Quando o poder de Deus começa a fluir por seu corpo físico, sua pele sente. Todo o seu corpo está sob esse fluxo, que começa a pingar de sua roupa. Então, o poder está pronto para fluir para as pessoas que Deus quer tocar por seu intermédio.

As necessidades das pessoas e sua fome pelo Senhor clamam pela unção fortalecedora que está sobre você. Quando elas se unem com a presença do Senhor e se rendem, o poder desce sobre todos, e todos são curados. A realidade de sua presença satisfaz as necessidades, sacia a fome e muda a vida delas.

Muitas vezes, descubro que as pessoas não são capazes de receber o que o Senhor quer lhes dar quando estão voltadas para si mesmas. Quando se concentram em si mesmas ou em sua doença, ou em um problema que enfrentam, não focam no Senhor. Eu já disse muitas vezes: quando o Senhor Jesus se tornar mais real que a doença, o mal desaparecerá imediatamente. A realidade dele expulsará a doença.

Não importa onde você esteja ministrando, podem acontecer coisas que enfraquecem a unção fortalecedora: pessoas se mexendo, falando, um barulho estranho...

muitas coisas podem causar distrações que diminuem ou enfraquecem a unção fortalecedora, se você permitir. Quando você está ministrando a alguém individualmente e isso acontece, se o cenário for apropriado, comece a adorar ali mesmo, porque a adoração fará que a unção fortalecedora desça mais uma vez. Ou leia a Palavra e ore em línguas, se necessário. Se o ambiente não permitir isso, simplesmente ore por essa pessoa e siga em frente.

Se estiver ministrando em um encontro público e a unção fortalecedora enfraquecer, comece a adorar ou pregar a Palavra. Às vezes, você já ministrou a Palavra, já liderou o povo na adoração, já adorou, mas sente que ainda não alcançou o lugar alto que ele quer que alcance. Nesse caso, é como se o Senhor estivesse lhe dizendo para orar um pouco mais. É quando você precisa orar em línguas.

Vou mencionar rapidamente algumas coisas sobre orar em línguas para si mesmo, em silêncio.

- A oração em línguas sozinha não trará a unção. Isso deve acontecer depois de você pregar a Palavra ou de adorar, depois de construir um caminho para o reino do espírito.

- Orar em línguas nem sempre é necessário. Em um a cada três encontros, sinto que preciso ir mais longe e orar em línguas. Outras vezes, a presença de Deus desce sem que as línguas sejam usadas. Ouça a voz do Senhor e obedeça.

- A necessidade de línguas depende da atmosfera espiritual ao seu redor. Nas cruzadas, eu raramente orava em línguas publicamente. Quando ministro em igrejas ou associações e a expectativa ou fé não é alta, orar em línguas cria uma atmosfera de fé. As línguas podem ser necessárias quando há coisas em sua cabeça que não deveriam estar lá. Você tem que ser claro. Falaremos sobre isso mais adiante.

Não importa como Deus o use; quando a unção fortalecedora começar a fluir, você deve permanecer no alto. Não a deixe descer a níveis mais baixos. Vou dar um exemplo da Bíblia. Em Lucas 8, Jairo foi ao Senhor e a unção estava fluindo. O Mestre estava bem ali com ele, e sua fé era alta. Então, a mulher com hemorragia se aproximou e tocou a borda do manto do Senhor.

> E estava ali certa mulher que havia doze anos vinha sofrendo de hemorragia e gastara tudo o que tinha com os médicos; mas ninguém pudera curá-la. Ela chegou por trás dele, tocou na borda de seu manto, e imediatamente cessou sua hemorragia. "Quem tocou em mim?", perguntou Jesus.
>
> LUCAS 8.43-45

A interrupção da mulher fez que Jairo experimentasse uma ruptura em sua fé. O Senhor notou que Jairo estava enfraquecendo.

Então, disseram a Jairo: "Sua filha morreu. Não incomode mais o Mestre". A essa altura, a fé do homem estava no chão. E o que fez o Senhor Jesus? Duas coisas. Primeiro, disse: "Não tenha medo; tão somente creia, e ela será curada". Mas o Senhor Jesus viu a fé de Jairo enfraquecer, pois a mulher falou por muito tempo, e então caiu mais ainda quando disseram: "Sua filha morreu. Não incomode mais o Mestre". Mas o Senhor protegeu a fé de Jairo, dizendo: "Não tenha medo". Ele foi até a casa e só permitiu que Pedro, Tiago, João e a família entrassem, para proteger a fé de Jairo.

Jesus entrou na casa e disse que a menina estava apenas dormindo. Todos que a velavam riram e zombaram dele por dizer isso. Imediatamente ele mandou todos para fora. Por que os mandou sair? Porque eles estavam afetando a unção e porque a fé de Jairo estava quase acabando. O Senhor fez o que era necessário para proteger a fé de Jairo.

Quando eu ministrava nas cruzadas, notava que, quando o testemunho de alguém era muito longo, afetava a atmosfera. O fluxo diminuía. Você pode interromper a pessoa e orar por ela, ou pode simplesmente interrompê-la e passar para outra. Precisa manter o fluxo, senão, em pouco tempo, ele se deterá completamente.

Às vezes, a unção fortalecedora se move depressa; às vezes, mais devagar. Às vezes, é um vento forte; às vezes, uma brisa suave, mas continua sendo vento. Continua soprando. Ainda não se foi, está ali. O vento não parou. Mas pode parar, se você permitir, se resistir ao Espírito de Deus. Pode parar se outra pessoa tentar resistir ao que está acontecendo e você permitir. Você não pode fazer isso; tem que controlar o fluxo para poder continuar ministrando livremente.

Às vezes, você sentirá a unção se acelerar, como o vento soprando mais forte. Tem que ir mais depressa, então, assim como Filipe, que correu para encontrar o eunuco. Ele teve que correr para alcançá-lo e entrar na carruagem. No instante em que ele entrou, o que o eunuco estava lendo? Isaías 53. E se Filipe houvesse andado em vez de correr? Poderia ter perdido o momento de mudar a vida de alguém. Às vezes, Deus diz: "Vamos!". É por isso que você vai me ver, assim como outros, me movimentando como um trem em um culto; para não perder o momento que poderia mudar a vida de milhares de pessoas nesse auditório. E você pode aplicar este mesmo princípio a qualquer tipo de ministério que realize para o Senhor.

Esses capítulos lhe ensinaram como extrair a unção fortalecedora de Deus. Essa unção sobre nós é essencial para o ministério. Depois de extraí-la por meio da rendição, nós a mantemos com a adoração. A adoração nos leva à manifestação do Senhor. Nossa entrega libera o poder do Senhor, e agora o mantemos na atmosfera de adoração.

Temos que ficar nos lugares altos para manter o fluxo da unção de Deus. Se quiser que Deus o use, é seu dever — assim como é o meu até hoje — proteger o que Deus lhe deu. Leia com atenção o capítulo seguinte sobre como proteger a unção fortalecedora. Você não encontrará essa informação em nenhum outro lugar.

CAPÍTULO 17

PROTEGENDO A PUREZA DA UNÇÃO

Já tratei deste tópico publicamente, mas nunca como aqui neste capítulo. Já vi Deus usar muitas pessoas em um ministério poderoso, e as únicas que permanecem, as únicas que não se desviam ou não têm sua unção diluída, misturada com coisas da carne, são as que aprendem a purificar e proteger a unção.

Lembre-se: dedicar tempo ao Senhor Jesus é tudo de que se precisa para que a unção permanente funcione. Essa unção interior não cresce. Sua fome cresce, sua fé cresce e seu amor pelo Senhor cresce, mas a unção permanente *em* você está sempre em plena capacidade.

A unção fortalecedora para o ministério é diferente. Ela pode se intensificar ou diminuir. Pode crescer ou enfraquecer. Nem todo cristão recebe a unção fortalecedora. Essa unção externa só é recebida quando o Senhor Jesus a confia àqueles em quem confia. Como pessoas a quem ele confiou seu poder, precisamos manter a unção fortalecedora pura, impoluta.

Vamos falar, agora, sobre algo que afeta muito a unção fortalecedora. Se o cristão se distrai e negligencia seu tempo com Deus — se não paga o preço, não dá a Jesus o tempo que ele merece, que pertence a ele —, o Senhor lentamente se distancia, na mesma medida em que o cristão se afasta. O Senhor nunca retira sua presença de nós rapidamente. Ele a retira bem devagar. Quando retira sua presença de alguém, é porque não está recebendo o tempo do cristão; como resultado, a fome do cristão diminui, assim como a fé e o amor.

O Senhor nos dá tempo para voltar à sua presença para que nossa fome, fé e amor continuem crescendo. Ficar negligenciando esse tempo tem um preço muito alto. Quando um cristão negligencia a prática da presença de Deus, essa preciosa presença diminui. Quando começamos a nos afastar um pouco mais, o resultado é menos fome, menos fé, menos amor. Isso pode resultar em ainda mais afastamento de Deus, em muito menos fome, muito menos fé e muito menos amor. Se nos afastarmos completamente, não haverá mais fome. Em vez de crescer, a fé morre. O coração fica frio como gelo. O perigo aumenta. O cristão se torna fraco em sua vida espiritual. A presença do Senhor dentro dele diminuiu porque ele o negligenciou, e a unção fortalecedora o esmaga porque não há nada nele que a sustente. A unção fortalecedora permanece porque esse é o dom dele, e um dom não é retirado. Romanos 11.29 nos diz: "Pois os dons e o chamado de Deus são irrevogáveis". Isso significa que o dom permanecerá em operação, mesmo que a vida do cristão tenha se tornado fraca.

O que acontece quando o fardo da unção fortalecedora fica difícil de carregar porque a presença do Senhor diminuiu? Os dons espirituais e a unção fortalecedora que foram dados para o ministério tornam-se um fardo pesado, sem sustentação interna, e passam a ter potencial para a destruição. O mesmo dom que Deus deu para abençoar seu povo torna-se um fardo pesado demais para carregar.

O indivíduo passa a odiar seu ministério, a desprezar o chamado. E ele então se pergunta o que vai fazer consigo mesmo. O ministério se torna nada mais que um negócio. Passa a existir a tentação de vender a unção, de fazer dela uma mercadoria. Não tem mais nada a ver com o Senhor Jesus. Só o que interessa é o *indivíduo*, pois, sem a presença e o poder de Deus, *você* é tudo que resta.

A presença do Senhor não está mais na vida do cristão nesse momento, por isso não há mais convicção. Ele permite que as coisas poluam, diluam ou maculem a unção fortalecedora e os dons espirituais que Deus lhe confiou. O pecado está enraizado em seu coração. A unção fortalecedora ainda flui, mas a presença do Senhor não está lá; portanto, o que produz é vazio e desprovido de qualquer poder real. Todo dom espiritual que Deus lhe deu ainda opera, mas o Senhor não está mais usando a pessoa; é *o dom* que a está usando.

É por isso que devemos proteger a unção fortalecedora. *Faça do tempo com Deus sua maior prioridade*. Nunca se permita negligenciar o Senhor, mesmo sendo ele gracioso e misericordioso. É verdade que ele não retira sua presença de você depressa, mas por que você vai querer que a retire? Você sabe que ele lhe dará tempo para despertar e se arrepender, e por que deveria desperdiçá-lo? É melhor se esforçar o tempo todo para manter essa conexão vital com o Senhor, para que você sempre tenha uma base sólida para o seu ministério.

Lembre-se: há um preço a pagar pela unção fortalecedora, que é dedicar tempo ao Senhor — o que é um privilégio. É um preço que alguns não estão dispostos a pagar e, como resultado, permitem que a unção em sua vida e ministério seja poluída. A pura unção de Deus flui por meio deles, mas depois se contamina com o que eles permitiram que entrasse em seu coração. Agora, é uma mistura impura, portanto fraca e impotente. É por isso que o Senhor tem um processo para manter pura a unção fortalecedora.

O processo de três estágios do Senhor para manter a unção pura

Ao ler que esse é um processo de três estágios, talvez você tenha a impressão de que são três passos rápidos para voltar aos trilhos. Mas está enganado. Em nossa mentalidade moderna, estamos acostumados a soluções rápidas e simples, respostas fáceis que não custam nada e demandam pouco ou nenhum tempo ou esforço. Mas o Reino de Deus não funciona assim. Seus preceitos são coisa séria.

Os três estágios do processo para purificar a unção são bater, sacudir e espremer. Isso nos faz querer desistir? Pode apostar que sim. A simples leitura das palavras "bater, sacudir e espremer" desenha imagens de dolorosos castigos corporais. *Mas esse processo não é assim. Deus não quer nos bater.* Observar meus amigos Oral Roberts e Rex Humbard navegando pelas águas às vezes traiçoeiras de uma vida no ministério me deu sabedoria e força para não desistir. Fiquei muito perturbado com o processo de Deus purificando sua unção em mim, sem perceber que ele estava protegendo meu futuro. Agora, posso olhar para trás e agradecer ao Senhor por isso, porque sei que é a razão de eu ainda estar aqui.

Bater, sacudir e espremer são os três estágios pelos quais passa uma oliveira para que o azeite possa ser fabricado. Para que as azeitonas caiam, é preciso primeiro bater na árvore com uma vara. A seguir, a árvore tem que ser sacudida com as mãos. E, depois que as azeitonas caem, são espremidas. O azeite não existe sem que esses três estágios aconteçam. Vou compartilhar como cada estágio se aplica ao processo de Deus para purificar a unção.

1. Bater

> Quando bateres a tua oliveira, não tornarás a colher o fruto dos ramos; será para o peregrino, para o órfão e para a viúva.
>
> DEUTERONÔMIO 24.20 (TB)

Qual é o processo de bater na árvore? Em minha opinião, é chegar à cruz na qual a carne deve ser crucificada. É a obra da cruz de Jesus na vida daqueles que Deus quer usar. Se você quiser que Deus o use, a carne deve ser morta. Como a oliveira, a obra da cruz vai bater em você.

Quando abraçamos totalmente a disciplina do Senhor, precisamos entender que também abraçamos totalmente seus processos, incluindo a punição. Assim como uma criança sabe que, quando seu pai a pune, o faz para seu benefício, para treiná-la e ajudá-la, devemos confiar em nosso Deus amoroso e aprender a amar sua punição. Eu disse ao Senhor muitas vezes: "Pode me castigar quanto quiser, mas nunca me deixe. Pode me punir a qualquer momento, Senhor, mas nunca saia de minha vida". Posso dizer que ele respondeu a essa oração muito bem!

Para servir ao Senhor, devemos estar dispostos a tomar a cruz, negar a nós mesmos e nos entregar a ele. Temos que fazer isso se quisermos avançar ao nível de servir, não de ser servido. Isso deve ser feito antes que Deus possa nos purificar. O apóstolo Paulo entendeu isso:

> Mas esmurro o meu corpo e faço dele meu escravo, para que, depois de ter pregado aos outros, eu mesmo não venha a ser reprovado.
> 1Coríntios 9.27

Paulo entendeu que tinha que pôr seu corpo físico sob sujeição do Espírito Santo, controlá-lo para que ele mesmo não fosse desqualificado para a unção de Deus. Ele sabia que, para isso, tinha que crucificar sua carne, negar os impulsos carnais que tinha e forçar sua natureza inferior a obedecer completamente ao Senhor.

Por que se bate nas oliveiras? Para que as azeitonas prontas para ser espremidas caiam. Só as azeitonas maduras vão cair. E o processo de sacudir, mencionado pelo profeta Isaías, vem a seguir.

2. Sacudir

> Contudo, restarão algumas espigas, como, quando se sacode uma oliveira.
> Isaías 17.6

Sacudir oliveiras. Para quê? Para que as azeitonas maduras caiam e possam ser usadas. Em nossa vida, ser sacudido é ser perseguido. As pessoas vão xingar você, sua mãe, até farão protestos em frente à sua casa, como fizeram comigo durante anos. Quem tem um ministério para as massas pode ser atacado na mídia e certamente receberá comentários desagradáveis nas redes sociais.

Ser sacudido é um passo necessário para nossa humildade e arrependimento diante de Deus. Devemos ir a ele em verdadeiro arrependimento, com o coração quebrantado pelo pecado que permitimos. Negar a nós mesmos e assumir nossa cruz produz essa humildade e o verdadeiro arrependimento em nossa vida.

> Pois assim diz o Alto e Sublime, que vive para sempre, e cujo nome é santo: "Habito num lugar alto e santo, mas habito também com o contrito e humilde de espírito, para dar novo ânimo ao espírito do humilde e novo alento ao coração do contrito".
> ISAÍAS 57.15

Cada um de nós será sacudido. Mas... e espremido?

3. Espremer

Deste ninguém gosta, porque as pessoas não percebem a beleza do princípio bíblico que permite que sejamos espremidos. Vejamos o que diz:

> Vocês plantarão, mas não colherão; espremerão azeitonas, mas não se ungirão com o azeite.
> MIQUEIAS 6.15

Em Israel, as azeitonas são pisadas ou espremidas em um lagar, com uma pedra maciça, não com os pés, como as uvas. Em nossa vida, ser espremidos é entregar-nos totalmente ao Mestre e à sua vontade, independentemente de qual seja. Nós nos dispomos a abrir mão de tudo que amamos na vida; abrimos mão de tudo que queremos manter porque o Senhor nos espreme. E, ao nos espremer, tira de nós tudo que é mundano e que impediria o plano dele para nossa vida.

Ser espremido no processo de purificação nos santifica para o uso do Senhor. Neste estágio, ele retira de nossa vida tudo que foi produzido pela carne e pelo mundo.

Costumo pedir ao Senhor para fazer uma coisa por mim: "Senhor, qualquer coisa que odeie em mim, tire e mate!". Se vem da carne, se vem do mundo e de seus caminhos, eu não quero, não pode me ajudar. Só pode me separar dele, e isso não vou permitir. Eu o amo demais para permitir que isso aconteça.

Essas são as chaves para sua sobrevivência como cristão e como servo ungido do Senhor. Você não terá que se preocupar com a poluição mundana ou demoníaca, nem com uma fraqueza que não possa controlar, se permitir que Deus o faça passar por esse processo. Em 2Timóteo 2.20,21, Paulo observa que há dois tipos de vasos em uma casa: de ouro e prata para honra e de madeira e terra para desonra. Se quiser ser um vaso de honra, terá que passar pelo processo. Não há outro caminho. Deus vai proteger você.

CAPÍTULO 18

SEIS COISAS QUE PODEM ENFRAQUECER A UNÇÃO FORTALECEDORA

Além de permitir o processo de purificação de Deus em sua vida, você precisa se manter vigilante sobre seis coisas fundamentais que podem enfraquecer a unção fortalecedora. Talvez esteja pensando: "Mas, pastor Benny, minha unção não permanece forte e pura enquanto dedico tempo à presença de Deus?". Sem dúvida, e abordarei outras coisas que a mantêm forte mais adiante. A Bíblia diz que devemos resistir ao Diabo, mas *não* resistir ao Espírito Santo, não entristecer o Espírito Santo, não extinguir o Espírito Santo. Por quê? Porque o Espírito Santo é gentil como uma pomba e não permanecerá se houver dificuldades. Essas coisas sobre a unção poucos entendem e menos ainda ensinam ou pregam. Mas *você precisa compreendê-las se quiser que Deus o use no ministério.*

1. Dar atenção ao demoníaco

A unção fortalecedora perde seu centro, seu poder, sua eficácia quando as pessoas dão atenção ao demoníaco. Como fazem isso? Permitindo que coisas demoníacas entrem em sua vida, como Acã, em Josué 7, que pegou uma imagem demoníaca e a escondeu em sua tenda, violando as instruções de Deus. Consequentemente, no versículo 12, o Senhor disse: "Não estarei mais com vocês, se não destruírem do meio de vocês o que foi consagrado à destruição". Esse é um versículo revelador. O Senhor retirou sua presença e seu poder de uma nação inteira por causa do pecado de um homem. Um homem fez uma nação perder uma batalha que poderia ter vencido com apenas 3 mil soldados.

Um objeto amaldiçoado atrai uma maldição sobre a vida e o ministério de alguém. Pode enfraquecer a unção e, se isso não for resolvido, pode retirar completamente a presença de Deus. "Não estarei mais com vocês" — significa que Deus retirou sua presença. Por quê? Porque o Espírito Santo é sagrado demais para estar perto de algo demoníaco.

Infelizmente, muitos cristãos não podem ser usados por Deus porque têm livros e material demoníaco em casa, ou assistem na TV a coisas que são de natureza demoníaca. Além disso, alguns pastores permitem — consciente ou inconscientemente — coisas em seu ministério que são de natureza demoníaca.

Deuteronômio 7.25 diz: "Vocês queimarão as imagens dos deuses dessas nações. Não cobicem a prata e o ouro de que são revestidas; *isso seria uma armadilha para vocês*. Para o SENHOR, o seu Deus, isso é detestável". Coisas que você usa em seu corpo podem enfraquecer a unção. Podem levá-lo ao cativeiro. Você precisa entender como isso é importante para Deus. Cristãos podem, sem saber, usar emblemas demoníacos, como uma decoração em um relógio ou uma joia, insígnias ou logomarcas em roupas, e se perguntam por que Deus não os usa. Ele é sagrado demais para permitir isso, essa é a razão.

O versículo 26 diz: "Não levem coisa alguma que seja detestável para dentro de casa, senão também vocês serão separados para a destruição". Portanto, livre-se dessa coisa.

A guerra espiritual é real. Temos que parar de permitir que o Inimigo tenha acesso à nossa vida. Se houver algo em sua casa que represente o demoníaco, tire-o de lá agora. Não perca mais tempo! Pode ser um enfeite, um incenso, filmes ou programas de TV a que você assiste ou músicas que ouve. Livre-se de tudo. Deus lhe deu um dom inestimável, não deixe que nada o enfraqueça. Livre-se de todas essas coisas. Você não precisa delas.

Agora, quero compartilhar outra verdade poderosa: retirar essas coisas não é suficiente. Depois de retirar, você tem que falar com elas. A maioria das pessoas não faz isso, mas está na Palavra. A instrução de Deus em Isaías 30.22 diz: "Então você tratará como impuras as suas imagens revestidas de prata e os seus ídolos recobertos de ouro; você os jogará fora como um trapo imundo *e lhes dirá: 'Fora!'* ".

Você precisa dizer: *Fora! Eu quebro a influência que foi trazida para esta casa. Ordeno ao demônio que veio junto que saia.* Você precisa entender que esse objeto trouxe um demônio consigo. Agora, é hora de jogar fora essa coisa. Mas não basta jogar fora o objeto; você tem que expulsar o demônio junto — e isso se faz com a boca.

A Bíblia diz que a libertação virá por seus lábios. Provérbios 12.6 diz: "As palavras dos ímpios são emboscadas mortais, mas quando os justos falam há livramento". Ela vem quando você fala. Você traz a libertação com suas palavras. Depois disso, a unção fortalecedora pode fluir.

2. Permitir que a carne contamine a unção

A segunda coisa que enfraquece a unção é a carne. Deus diz em Êxodo 30.32: "Não o derramem [o óleo da unção] sobre nenhum outro homem". O que quer dizer é: "Não deixe a carne interferir. Não deixe sua natureza carnal e o mundo entrar".

A presença e o poder de Deus em nosso ministério podem enfraquecer se permitirmos a contaminação em nossa vida. Não podemos permitir seja ela qual for. Eu tive que aprender a ter cuidado com quem falo antes de ministrar. Cada olá poderia enfraquecer a unção. Quando alguém abre a boca — mesmo um cristão ou pastor bem-intencionado —, pode trazer o mundo para a conversa.

Eu também tive que aprender que não posso permitir me aproximar de pessoas ímpias. Elas enfraquecem a unção em minha vida e podem me levar a um lugar onde posso perdê-la completamente. Hollywood é um mundo muito tentador, e há alguns anos fui tolo e pensei que poderia ministrar lá. Fui convidado a orar em festas de Hollywood, e muitos dos presentes eram pessoas famosas. Foi muito atraente para mim naquela época. Mas comecei a notar que as coisas começaram a se dissipar em minha própria vida. Por fim, minha esposa, Suzanne, perguntou-me o que eu estava fazendo. "Quero conquistá-los", eu disse. "Eles estão interessados no sobrenatural. Querem saber se o que eu faço é real."

Suzanne, porém, disse: "Você nunca vai conquistar essas pessoas. Não é esse seu chamado, Benny". Ela me recordou a passagem bíblica que diz:

> "Não se ponham em jugo desigual com descrentes. Pois o que têm em comum a justiça e a maldade? Ou que comunhão pode ter a luz com as trevas? [...] Portanto, 'saiam do meio deles e separem-se', diz o Senhor. 'Não toquem em coisas impuras, e eu os receberei' "
>
> 2CORÍNTIOS 6.14,17

Deus não permitirá a impureza. Se você a permitir em sua vida, ele não o usará. Limpe tudo. Aprendi isso da maneira mais difícil e o alerto para evitar que você passe pelas mesmas coisas.

A unção fortalecedora também pode ser afetada pelas imagens que você vê. Estou me referindo a coisas ímpias. Quando fui ao Madison Square Garden, por toda parte havia fotos de artistas que haviam se apresentado ali. Eu disse: "Não quero olhar para esses rostos, porque isso enfraquecerá a unção quando eu estiver na plataforma. Cubram tudo". Minha equipe colocou cortinas pretas sobre cada um deles.

Antes de entrar em um quarto de hotel, alguém vai à minha frente e, se houver alguma foto na parede que represente o mundo ou o Diabo, a retira. Tira todas as revistas e jornais também. Vasculha as gavetas e limpa tudo. Não quero ver; isso enfraquece a unção. Desligo a TV e o rádio, não quero nada quando entro no quarto.

Não quero nem ouvir música mundana suave. Por quê? Para proteger a unção.

Para alguns, isso pode parecer um exagero, mas para mim não é. Sinto uma imensa responsabilidade pela unção fortalecedora que fluirá por mim e tocará os outros. Eu sou responsável por seu crescimento ou enfraquecimento. Sou responsável por aumentá-la ou diminuí-la. Sou encarregado de poluí-la ou mantê-la pura. Deus me coloca no comando, e eu devo proteger a unção. E lhe digo: você pode fazer isso. Em Filipenses 4.13, Deus promete que você pode fazer tudo em Cristo que o fortalece!

3. Permitir que a unção seja imitada, emprestada ou roubada

A unção sobre você para seu ministério ou ofício é a única que você pode liberar. Você não pode liberar a unção que está dentro de você, a unção permanente. Só pode liberar a que está sobre você, a unção fortalecedora. Liberá-la para as pessoas certas é fundamental, porque essa unção enfraquece quando liberada para indivíduos indignos.

> Diga aos israelitas: Este será o meu óleo sagrado para as unções, geração após geração. Não o derramem sobre nenhum outro homem e não façam nenhum outro óleo com a mesma composição. É óleo sagrado, e assim vocês devem considerá-lo.
>
> ÊXODO 30.31,32

Quando você permite que alguém o copie, acaba enfraquecendo seu ministério. Não digo quando alguém o copia sem que você saiba; isso não há como controlar. Meu alerta é não deixar que copiem você, não treinar outra pessoa para ser outro você. Não há outro você. Só existe um.

Você pode ensinar, abençoar e instruir, mas, se treinar alguém para copiá-lo, acabará enfraquecendo seu ministério. As pessoas sempre pensam: "Se alguém me copiar, isso aumentará o que Deus me dá". Não, não. Isso é desperdiçar o que Deus lhe dá.

Vou contar como aprendi isso. Eu tinha um curso de treinamento de equipes para trabalhar em minhas cruzadas e em muitas igrejas aonde ia. Nessas aulas, eu dizia: "Isto é o que eu quero que você faça. Chegue duas horas antes do início da cruzada. Enquanto a multidão estiver entrando, escolha um setor. Comece a construir a fé nas pessoas desse setor. Pergunte pelo que estão orando e comece a semear a Palavra. Depois, passe para a pessoa seguinte, e a seguinte etc. Plante a semente da Palavra de Deus em pelo menos 50 pessoas e edifique a fé delas durante duas horas. Depois, quando a adoração começar e a unção fluir, corra como fogo e ore com as pessoas às quais deu a Palavra de Deus antes".

Os milagres começaram a fluir durante aquela temporada porque as equipes do ministério semearam a semente da Palavra e a multidão estava pronta. Parecia uma ótima ideia, até que alguns dos treinados começaram a pensar: "Agora tenho meu próprio ministério de cura". Isso enfraqueceria o ministério, por isso tive que dizer: "Não tem, não. Você vem fluindo sob a unção deste ministério. Ele não é seu".

Se os outros pensarem que é deles, vão fazer uma bagunça. Se você não proteger sua unção, as pessoas a roubarão e enfraquecerão o poder de Deus em sua vida. E isso também trará divisão e confusão ao corpo de Cristo.

Como mencionei, você pode liberar essa unção para outras pessoas, e há momentos em que Deus o instruirá a impor as mãos em alguém e liberar sua unção. Se Deus o instruir, como instruiu Moisés a impor as mãos em Josué, é porque tem um plano para levantar essa outra pessoa sem prejudicar seu chamado. Mas não faça isso só porque você gosta da pessoa, não importa quem seja. Se Deus não lhe disser para fazer isso, vai enfraquecer seu ministério.

4. Permitir que as pessoas erradas se aproximem de você

Às vezes, pessoas que você permite ao seu lado lutam contra o plano de Deus para você e enfraquecem a unção fortalecedora em seu ministério. Se pessoas de sua equipe estiverem em funções erradas, ou se foram promovidas a cargos para os quais Deus não as chamou, isso pode causar divisão e impedir a unção que Deus colocou em seu ministério ou ofício. Talvez você não lidere um ministério em tempo integral, de modo que não tem funcionários ou conselho diretor; mas conflitos e brigas entre sua família ou outros cristãos que estão ao seu lado em seu trabalho para Deus podem atrair a fraqueza ao seu ministério.

Se você pretende ministrar, precisa estar ciente de todos ao seu redor e saber se o espírito de cada um flui ou não com sua unção. Às vezes, dá para saber imediatamente se não estão com você; outras vezes, você precisa pedir ajuda ao Espírito Santo para discernir se estão fluindo na mesma correnteza. Se não estiverem, enfraquecerão a unção sobre você.

Se seu ministério é ensinar, preste atenção em quem se senta na plataforma com você e na primeira fila para ouvi-lo. Por quê? Porque a unção pode ser afetada por pessoas que o desafiam. É um desafio ir a igrejas quando há pessoas sentadas na primeira fila que não estão lá para adorar. Elas ficam só encarando, e isso mata a unção. Quando o Senhor esteve em Nazaré, em Mateus 13.54-58, ele foi desafiado. A Bíblia diz que Jesus não podia fazer milagres ali. Por quê? Porque foi desafiado. Havia oposição a ele.

A unção permanente depende de *sua* fome espiritual. A unção fortalecedora depende da necessidade ou da fome espiritual *daqueles* a quem você ministra. Também é afetada por quem está ao seu redor. Quando há unidade e harmonia, ela aumenta em você. Quando há divisão ou deslealdade, ela diminui em você.

5. Espíritos controladores

Em 3João 1.9, João advertiu a igreja sobre um homem controlador chamado Diótrefes, que queria preeminência. Estava tentando controlar a vida das pessoas com seu espírito religioso. Se você deixar uma pessoa com espírito religioso ao seu redor, ela vai enfraquecer ou matar o que Deus lhe deu. Homens e mulheres legalistas e controladores são mortais para a unção fortalecedora de Deus sobre você.

Isso aconteceu comigo. Um amigo meu começou a interferir, e eu tive que dizer: "Nunca mais me chame". Eu tive que excluí-lo porque sabia que permitir alguém com espírito legalista, com espírito religioso, é mortal para a unção. Os espíritos religiosos enfraquecem e até matam a unção. Se você permitir que se aproximem, eles destruirão a unção fortalecedora.

Se você quiser que Deus o use em qualquer tipo de ministério, *precisa ter cuidado para não substituir a voz do Espírito Santo pela voz de outra pessoa.* Além disso, não deixe uma pessoa com um dom, que acredita ser um profeta, se tornar a voz de Deus. Isso é muito perigoso, porque você se torna mais dependente do que Deus diz a essa pessoa do que ele diz a você. Chegará uma hora em que você não terá a capacidade de ouvir Deus sozinho. Não permita que a voz de Deus seja silenciada em sua vida pela voz de alguém que acredita ser um profeta. Essa pessoa acabará pensando que está falando com você em nome de Deus. O Senhor não precisa que ninguém fale em seu nome. Ele pode falar bem claramente com cada um de nós.

6. Os pecados dos outros

Se as pessoas erradas tocarem em você, enfraquecerão a unção. O texto de 1Timóteo 5.22 diz: "Não se precipite em impor as mãos sobre ninguém e não participe dos pecados dos outros. Conserve-se puro". Portanto, não coloque as mãos sobre elas — nem deixe que elas toquem em você para não participar dos pecados e impurezas delas. Proteja-se do perigo, da feitiçaria e do demoníaco que elas trazem consigo.

Há muito tempo, pouco antes de Deus liberar a unção sobre mim no Canadá, eu estava em uma loja em uma noite de segunda-feira. Havia uma bruxa fazendo compras na loja, e ela veio até mim. Os demônios sabem e disseram a essa mulher quem eu era. Ela tentou me tocar, porém eu me afastei e disse: "Não me toque, senhora". Sentia algo saindo de mim sempre que aquela mulher se aproximava. Saí rápido da loja porque senti isso. Nós podemos sentir os demônios em outras pessoas.

Você também precisa se proteger de pessoas bem--intencionadas que querem orar por você e tocá-lo. Comecei a aprender essas lições quando ia a várias reuniões. Antes da reunião, as pessoas diziam: "Vamos orar pelo irmão Benny". Mas, quando colocavam as mãos sobre mim, eu sentia a unção fortalecedora enfraquecer. Aprendi a não deixar ninguém que eu não conheça impor as mãos em mim. A Bíblia diz: "[...] tenham consideração para com os que se esforçam no trabalho entre vocês [...]" (1Tessalonicenses 5.12). Oral Roberts, Rex Humbard e outros homens e mulheres de Deus que conheço oraram por mim muitas vezes, e isso foi precioso e me abençoou.

Aconteceu comigo em Jerusalém em 1977. Cheguei ao local onde ia ministrar e deixei que as pessoas orassem por mim. Senti a unção fortalecedora me deixando. Como já estava no local e não podia voltar para meu hotel, tive que voltar para o ônibus, pedir para o motorista trancar a porta, interceder e orar até que a unção voltasse sobre mim. Tive que pedir a Deus que me perdoasse por ter sido tolo e deixado as pessoas me tocarem, porque algumas histórias eram loucas, e as pessoas me tocaram logo antes de eu ministrar. Percebi que não deveria deixar que me tocassem porque não sabia que espírito estava ali. Foi quando entendi por que, às vezes, via Kathryn Kuhlman se afastar das pessoas na plataforma quando ministrava.

Como eu ainda estava aprendendo, entrava nessas reuniões e dizia: "Pai, eu aplico o sangue do Senhor Jesus sobre mim agora", porque eu não sabia o que as pessoas haviam feito naquele dia. Não sabia o que havia no ar, mas sabia que não queria que a unção fortalecedora fosse afetada. Até que aprendi a dizer: "Não me toque, por favor. Não preciso que você ore por mim. Já orei". Fazia isso para evitar a contaminação que podia entrar. O Espírito de Deus é sagrado demais para permitir poluição ao seu redor.

Por outro lado, a mesma coisa pode acontecer quando você coloca as mãos sobre outra pessoa. A Bíblia tem muito a dizer sobre impor as mãos nas pessoas. Na verdade, é proibido fazer isso casualmente. Vejamos mais uma vez 1Timóteo 5.22, que citei antes. Paulo disse a Timóteo para não pôr as mãos sobre ninguém de repente, porque não se sabia que espírito podia estar operando nele. Timóteo não vivia em pecado, não era fraco no Espírito, mas Paulo o advertiu. Mesmo que você seja forte, por favor, não toque nas pessoas. Isso enfraquecerá sua unção fortalecedora e, além disso, pense no mal que pode causar em sua vida. Já vi ministros serem destruídos e ministérios desaparecerem porque não deram ouvidos ao alerta de Paulo.

Paulo disse para não impor as mãos *de repente*. Isso significa usar a sabedoria. Proteja-se antes de colocar as mãos sobre as pessoas. Não impor *de repente* não significa que nunca deve impor as mãos em ninguém, e sim que deve fazê-lo com sabedoria e ser guiado pelo Espírito Santo. Paulo advertiu Timóteo de usar a sabedoria ao impor as mãos em qualquer pessoa. Às vezes, sob a unção fortalecedora, o Espírito Santo o guia para impor as mãos em alguém. Se você tiver certeza de que está ouvindo Deus e que antes usou a sabedoria para se proteger, sinta-se livre para seguir a orientação do Espírito com confiança, sem se preocupar em contaminar o fluxo de Deus.

Já coloquei as mãos sobre milhares de pessoas, mas aprendi a me proteger. *Eu tinha proteção quando dedicava tempo a ele.* A presença do Senhor é minha proteção.

> Tu és o meu abrigo; tu me preservarás das angústias e me cercarás de canções de livramento.
> SALMOS 32.7

CAPÍTULO 19

SETE COISAS QUE PROTEGEM A UNÇÃO FORTALECEDORA

Se todas essas coisas podem afetar a unção fortalecedora, como mantê-la forte? Ótima pergunta. Acabei de compartilhar seis coisas que podem enfraquecer o poder da unção. Agora, vou compartilhar sete coisas que a protegerão.

1. A Palavra de Deus

> Quando as minhas veredas se embebiam em nata
> e a rocha me despejava torrentes de azeite.
>
> Jó 29.6

Quando passamos momentos de silêncio com o Senhor em sua Palavra e oração, chega uma hora em que a Palavra começa a habitar nosso ser espiritual, até que *ela intensifica a unção fortalecedora em nossa vida e ministério.* Meditar na Palavra leva à revelação. Quando a revelação começa a fluir, a unção fortalecedora em sua vida e em seu ministério é fortalecida.

2. Adoração

Você se mantém forte permanecendo no lugar alto do Espírito Santo. A adoração é tão vital para o lugar alto que Deus quer que você permaneça ali. Lembre-se: o lugar alto de Deuteronômio 32.13, que é o refúgio em Salmos 91, é seu lugar de proteção. A adoração cria uma atmosfera de proteção.

> "Ele o fez cavalgar nos lugares altos da terra e o alimentou com o fruto dos campos. Ele o nutriu com mel tirado da rocha, e com óleo extraído do penhasco pedregoso."
>
> DEUTERONÔMIO 32.13

Ao aprender sobre coisas que enfraquecem a unção, você também deve entender que ela pode ser restaurada. Se permitiu que as coisas enfraquecessem sua unção, você pode restaurá-la. Mas só os adoradores podem. Como acha que consegui restaurar o que aprendi da maneira mais difícil? Eu sou adorador. Amo adorar ao Senhor. Adorar ao Senhor está em meu coração desde o primeiro dia. Amo adorar ao nosso maravilhoso Jesus porque o adoro.

A adoração cria a atmosfera para sua proteção e mantém você nos reinos altos do espírito, de onde extrai o mel da Palavra e o óleo da unção. Quando você adora ao Senhor, a presença dele se manifesta. O Senhor se torna tangível. Quando adora, você se rende, entrega seu corpo. E continua adorando porque é mais fácil continuar se rendendo. Sua proteção é restaurada cada vez que você se une ao Senhor.

3. Orar em línguas

Toquei nesse assunto em um capítulo anterior, mas vou falar um pouco mais sobre isso aqui. Às vezes, orar em línguas desconhecidas torna-se necessário para permanecer no lugar alto onde correm o mel e o óleo. Quando algo diminui a unção fortalecedora, você precisa aumentá-la e restaurar sua força. Em meu caso, isso acontece principalmente por meio da adoração, mas houve momentos em que senti que precisava orar em línguas para restaurar esse reino de modo que eu pudesse extrair a unção mais uma vez.

Aprendi isso em 1977 em Jerusalém, quando tive que voltar para o ônibus. Entrei em adoração no ônibus e me encontrei com o Senhor de uma maneira muito poderosa. Então, comecei a orar em línguas, e foi ficando mais rápido e mais forte. Quando isso aconteceu, senti o mundo demoníaco ficar muito confuso. Senti os demônios entrarem em estado de confusão. Senti isso; porque, quando você fala em línguas, o Inimigo não sabe o que fazer. Você o deixa aleijado. Enquanto eu orava em línguas naquele ônibus, senti que o Senhor colocava correntes nos demônios, e saí livre. Foi uma experiência incrível.

A adoração é essencial, mas, às vezes, orar em línguas é necessário para vencer a batalha espiritual. Por meio da adoração, você se reconecta com Deus e, por meio de línguas, confunde o acampamento do Inimigo. Essas duas coisas restauram a unção.

4. Ter um adorador ao seu lado

Mesmo que você esteja protegido no alto por meio da adoração, e o Inimigo esteja confuso porque você orou em línguas, você continua indo ao campo de batalha toda vez que ministra. O Inimigo não sabe o que fazer no momento, mas não é um tolo. Ele vê você começando a ministrar e sabe como se vingar. Pode acreditar, ele tem muita experiência em atacar as pessoas que Deus usa. Ele tentará enfraquecê-lo mais uma vez, e esse é o momento em que você deve encontrar um adorador para se conectar a ele.

O que quero dizer com isso? Tenha alguém perto de você que seja um adorador, que o mantenha unido ao Senhor e o proteja. Ele pode orar e lutar por você enquanto você ministra. Veja bem, quando eu estava naquele ônibus, estava travando uma guerra espiritual, mas não percebi que isso estava afetando minha força física também. Minha força física foi afetada, embora a unção fortalecedora sobre mim estivesse forte de novo. Quando isso aconteceu comigo em Jerusalém, John Arnott, da The Toronto Blessing, estava lá. John costumava trabalhar comigo. Eu disse: "Johnny, fique comigo", e me agarrei a ele. Minha força estava diminuída por causa da batalha que eu acabara de travar naquele ônibus, e eu precisava da força dele para continuar.

Se Deus o usar por tempo suficiente, você precisará seguir esse conselho um dia. Ficará grato a Deus por ter lido este livro. E, quanto mais você luta, mais precisa disso. Dependendo do nível de guerra espiritual que você enfrenta, pode precisar de mais de uma pessoa.

Uma vez, eu estava ministrando em Mumbai diante de 2,5 milhões de pessoas e comecei a sentir ataques demoníacos. Vi que Suzanne e outras duas mulheres estavam lá. Eu disse: "Senhoras, venham atrás de mim agora! Orem!". O ataque espiritual que senti foi intenso, mas senti a força voltar assim que elas começaram a orar. Foi quando percebi que há momentos em que precisamos do apoio de mais de uma pessoa orando.

Esse princípio pode ser aplicado a qualquer tipo de ministério para o Senhor. É preciso permanecer nesse reino de adoração e proteção. Se você não conseguir ficar sozinho, peça a alguém para ajudá-lo. Peça a um adorador para acompanhá-lo e orar enquanto você ministra. Assim, você poderá se conectar por meio da força dele. Talvez você pense que não precisa disso regularmente, porém, mais cedo ou mais tarde, haverá um momento em que precisará, principalmente se ministrar em outro país, onde lutará contra espíritos diferentes.

Quando sentir que isso está acontecendo, peça a alguém em quem confia: "Ore por mim". Peça que a pessoa fique atrás de você e ore enquanto você ensina, prega, evangeliza ou ora pelas pessoas. Você sentirá a força e o fluxo saindo dela.

5. Permanecer forte para terminar forte

Permanecer no reino dos lugares altos de Deus exigirá muito daquele que cede à unção fortalecedora. Isso pode afetar você fisicamente e também espiritualmente. Conforme você aprende a permanecer no reino dos lugares altos de Deus, passa a valorizar o apoio dos outros, especialmente depois de ter ministrado por um longo período. Quando você começa seu ministério, tudo é intenso. Mas depois de um tempo, mesmo que tenha começado de um ponto forte, você percebe que sua força está enfraquecendo. Talvez você tenha experimentado algo semelhante na unção e teve que voltar a um lugar de força. E agora está realmente cansado. Não é fácil ficar sozinho no alto; ter um adorador ao seu lado o ajudará a recuperar e manter sua força.

Também ajuda ter alguém para vigiar as distrações. Se você estiver em uma igreja, os porteiros podem ajudar. Bebês chorando, pessoas se mexendo durante os cultos, celulares tocando perturbam toda a congregação. Alguém que tente se aproximar de você na hora errada também pode distraí-lo. Essas interrupções são manifestações da carne, que tentam limitar o fluxo do poder sagrado de Deus. Ter alguém para ajudar a controlar as distrações permite que a unção permaneça forte.

É importante que você conclua forte seu tempo de ministério. Conquiste os perdidos durante todo o ministério, aumentando a intensidade à medida que avança. Deixe que o fim de seu tempo de ministério se torne a parte mais forte dele. Para concluir forte, você precisa permanecer forte no Espírito.

6. Não permitir que a carne se manifeste

Esta é uma questão importante. Quando a unção fortalecedora está fluindo, às vezes as pessoas confundem as coisas feitas na carne com o movimento de Deus. Isso porque, quando essa unção flui, agita tudo, tanto o

Espírito quanto a carne. Vemos um exemplo disso em 1Samuel 19.24, quando Saul rasgou suas roupas, se deitou nu e profetizou.

> Despindo-se de suas roupas, também profetizou na presença de Samuel, e, despido, ficou deitado todo aquele dia e toda aquela noite. Por isso, o povo diz: "Está Saul também entre os profetas?"
>
> 1SAMUEL 19.24

Por que ele profetizou? A unção, às vezes, pode ativar um dom latente, e um dom é dado sem arrependimento. O rei Saul tinha um dom; o profético já estava nele. Ele profetizou quando Samuel colocou as mãos sobre ele pela primeira vez, e esse dom profético não foi embora.

O dom de Deus ainda estava em Saul, mas naquele momento estava adormecido. Mais tarde, quando ele entrou em contato com a unção de Samuel, esse dom voltou à vida, mas a carne foi junto. A unção reativou o dom, mas a carne também se mexeu. Quando a carne se eleva, tenta imitar a unção fortalecedora, usurpando seu lugar. A carne age como se fosse a verdadeira unção de Deus em vez de um falso substituto autoinduzido.

Algumas pessoas sentem o vento do Espírito soprando e começam a se manifestar na carne. Começam a dizer coisas que parecem religiosas, mas não são de Deus. Isso interrompe o que Deus está fazendo por meio de você. Não deixe que isso aconteça porque você vai se enfraquecer. Em Atos 16, quando uma garota possuída por um demônio começou a seguir Paulo e clamar todos os dias que ele era o servo do Deus

Altíssimo, o que ele fez? Repreendeu aquele espírito demoníaco porque entendeu que não era a unção. Era uma manifestação de demônios falando por meio da carne.

Paulo viu a diferença porque o que saía daquela garota era apenas conversa religiosa. O que ela dizia sobre Paulo era verdade, mas ele discerniu que era um demônio, um espírito religioso que estava falando por meio dela. Às vezes, o que a pessoa diz é verdade, mas o espírito por trás dela é um espírito religioso. Você não pode permitir que espíritos religiosos assumam e diluam o poder da unção de Deus.

A carne não é o Espírito Santo. Às vezes, as pessoas começam a fazer coisas que parecem religiosas; falam e parece que é Deus falando. Mas não é Deus. Elas enfraquecerão o poder de Deus que flui por seu intermédio. Não deixe isso acontecer.

7. Permanecer no fluxo certo

A unção fortalecedora pode ser afetada negativamente se você estiver no fluxo errado. Nunca aceite o convite do córrego errado, do rio errado. O que quero dizer com isso? Que o córrego ou rio errado são pessoas e pastores que não fluem da mesma maneira que você.

Às vezes, você tenta ministrar em uma igreja cujo pastor não concorda que você está sendo usado por Deus com a palavra de conhecimento. Não concorda com manifestações diferentes do poder de Deus. Não apoia a maneira com que você flui na cura e na unção de Deus, pois tem seu próprio caminho, seu próprio fluxo. Se quiser ministrar na igreja dele, você terá que se encaixar no molde dele. Ele espera que você seja como ele.

Se você aceitar esse convite, desperdiçará sua energia. Por quê? Porque o homem que o convidou não está em seu fluxo. Vejamos um exemplo de minha vida. Preguei uma vez em uma pequena igreja no Canadá. Quando o pastor abriu a reunião, disse: "Estamos nos arriscando hoje trazendo Benny Hinn aqui". Isso foi um sinal de que não era uma boa ideia. Eu me levantei, e foi difícil. Não consegui ministrar livremente porque havia um grande desafio na atmosfera daquele lugar.

Após o culto, quando eu estava indo para meu carro, uma doce senhora veio até mim no estacionamento e disse: "Está se sentindo como se houvesse sacudido a poeira, não é?". Antes que eu pudesse responder, ela prosseguiu: "Eu sou carismática cheia do Espírito. Estava orando por você o tempo todo". Então, ela disse algo que nunca esqueci: "Espero que você tenha aprendido a lição hoje". Na época, não entendi o que ela quis dizer, mas agora entendo. Nunca vá aonde o desafiam. Se as pessoas não fluem com você, a unção fortalecedora pode ser bloqueada.

Encontrar o fluxo certo é encontrar pessoas que acreditam em sua maneira de ver a unção. Não me refiro a diferenças doutrinárias entre denominações. As pessoas podem não concordar com você em alguns pontos. Não se preocupe com diferenças na teologia; é o fluxo que importa. Se tiver o fluxo certo, acabará na teologia certa. Se concordar com o fluxo, encontrará concordância sobre a teologia mais tarde. Mas, se não concordar com o fluxo, nunca concordará com a teologia.

Enquanto você lê este livro, oro para que receba a sabedoria sobre como proteger a unção fortalecedora para o seu ministério. Conforme você é usado por Deus cada vez mais, ele lhe revela mais do que vai fazer em sua vida e no mundo, pois o dia do Senhor está próximo. O dom profético começa a explodir dentro de seu eu espiritual.

Nesse nível, o dom profético cai sob a cobertura da unção fortalecedora. Há uma unção mais forte para o ministério profético que alguns são chamados a cumprir. Esse é o ofício do profeta. Só porque alguém tem o dom profético não indica necessariamente que é chamado para o ofício de profeta. Esse é um assunto profundo, um tema sensível e importante que requer um exame cuidadoso. Para dar a esse assunto o foco e o tempo que ele merece, preparei um ensinamento mais profundo que compartilharei na parte seguinte do livro. Se você tem fome de saber mais sobre o profético, esse ensinamento o equipará para o chamado de Deus em sua vida.

PARTE III
UNGIDO PARA PROFETIZAR

CAPÍTULO 20

O MISTÉRIO DA UNÇÃO PROFÉTICA

Os tempos em que vivemos atualmente são diferentes de todos que o mundo já conheceu. Existe uma escalada na intensidade da batalha espiritual nas regiões celestiais. Cada nação do Planeta está presa no desdobramento profético do fim dos tempos diante de nossos olhos. Nestes dias assustadores, neste clima profético, encontramos uma superabundância de pessoas que afirmam ter uma palavra profética para compartilhar, um alerta ou um decreto que dizem provir de Deus.

Muitas coisas chamadas de proféticas hoje não o são. Muitas vozes no mundo de hoje afirmam ser proféticas, muitas pessoas afirmam ser profetas, mas a maioria nem sequer entende o ofício do profeta, muito menos tem a unção de Deus para exercê-lo. Muitos são cristãos que simplesmente foram enganados sobre a unção e o ofício do profeta e o dom da profecia, se é que aprenderam alguma coisa sobre esse tema. Neste capítulo, começaremos a construir a base para uma verdadeira compreensão dos reinos do profético. É preciso um verdadeiro entendimento dos reinos proféticos, e o verdadeiro entendimento começa com o alicerce seguro das Escrituras.

O capítulo 2 de Joel é citado frequentemente em referência ao dom da profecia, e com razão. Mas há três coisas que essa passagem nos diz sobre profecia que a maioria das pessoas não percebe. Vamos analisar mais profundamente o que esse texto nos diz.

Primeiro, Joel 2 declara que a profecia acontecerá "depois". Depois de quê? Para responder a isso, temos que ver o que ele disse antes. Joel 1.14 diz:

> "Decretem um jejum santo; convoquem uma assembleia sagrada. Reúnam as autoridades e todos os habitantes do país no templo do SENHOR, o seu Deus, e clamem ao SENHOR".

Deus está pedindo a seu povo para buscá-lo, invocá-lo e clamar a ele. Em Joel 1, Deus chama seu povo à intercessão; em Joel 2, diz o que virá depois. *A intercessão dá origem ao profético.*

Segundo, em Joel 2.28, Deus diz: "Derramarei do meu Espírito". O que ele derrama aqui sobre seus filhos e filhas já está em nosso coração, porque, na salvação, o Senhor já nos encheu com seu Espírito. Se você é salvo, o Espírito dele está em você. E, como o Espírito Santo está em cada um de nós, *o profético já está em cada cristão.* Já está em você.

Terceiro, Deus afirma com clareza no versículo 30: "Mostrarei maravilhas no céu e na terra: sangue, fogo e nuvens de fumaça", que é o julgamento. Para entender mais sobre o julgamento de liberação profética, vejamos o livro de Atos. Pedro cita uma passagem em Joel 2 quando conta à multidão o que aconteceu no dia de Pentecoste.

Estamos vivendo um momento emocionante para a igreja. Não há dúvidas de que o Senhor está restaurando os dons do Espírito Santo. Acredito que os dons em breve entrarão em plena operação, de uma maneira que ainda não vimos, como foi há dois mil anos, ou em tempos passados, com diferentes movimentos de Deus ao longo da história da igreja. Para nos preparar para esses dias emocionantes, precisamos de uma melhor compreensão dos reinos em que a unção profética opera. Prepare-se para mergulhar no profético comigo!

CAPÍTULO 21

OS QUATRO REINOS DO PROFÉTICO

Algumas pessoas não acreditam que os dons do Espírito Santo, especialmente os proféticos, são para hoje, dado a extremos que podem ter visto e a mestres da Bíblia que rejeitam o profético e qualquer palavra atual procedente de Deus. A maior denominação protestante do mundo afirma na doutrina de sua organização que Deus não fala mais com as pessoas depois da última Escritura redigida. Mas os dons do Espírito são bíblicos, e suas funções no corpo de Cristo não acabaram.

Sabemos que o profético existe para nosso benefício porque em 1Coríntios 12.7 Paulo diz: "A cada um, porém, é dada a manifestação do Espírito, visando ao bem comum". Portanto, o profético é uma necessidade para nossa produtividade no Espírito Santo. A operação dos dons espirituais em nossa vida é essencial para que a glória do Senhor se manifeste. Se quiser atender ao chamado de Deus, *você precisa abraçar esses dons do Espírito Santo.*

Vamos começar examinando quatro reinos do profético.

1. A profecia das Escrituras

O primeiro reino profético é a própria Palavra de Deus.

> Antes de mais nada, saibam que nenhuma profecia da Escritura provém de interpretação pessoal, pois jamais a profecia teve origem na vontade humana, mas homens falaram da parte de Deus, impelidos pelo Espírito Santo.
>
> 2Pedro 1.20,21

Pedro a chama de "profecia da Escritura" e a descreve claramente como a declaração da Palavra de Deus. Não contém nenhum erro. Não há imperfeições nesse reino do profético. É a Palavra inspirada de Deus. É a verdade divina dada sem mistura humana. Ninguém acrescentou nada às Escrituras e disse: "Isto é o que eu acho que significa". É a Palavra de Deus pura e simples. Deus fala e pronto. A Palavra de Deus é profética.

Quando as pessoas compartilham as Escrituras, estão profetizando, sabendo ou não. Estão ministrando no primeiro reino do profético, porque *a Escritura é o primeiro reino do profético*. Todas as vezes que citei a Bíblia neste livro, eu profetizei para você. Toda a Palavra de Deus é profética. A Palavra de Deus nas Escrituras é o primeiro reino.

Somente esse tipo de profecia pode reivindicar com razão a inspiração total do Espírito Santo. Todos os outros reinos do profético são inspirados, mas não são revelações diretas do Senhor. Nos outros reinos da profecia, o elemento humano entra para explicar o que Deus está dizendo. Então, quando Pedro disse que não há interpretação pessoal no primeiro reino, deu a entender que poderia haver interpretação pessoal em outros reinos da profecia.

A Palavra de Deus é a forma mais elevada e pura de revelação e comunicação. Sempre que Deus começava a falar por meio de um homem, fosse Isaías, Jeremias, Ezequiel ou outro profeta do Antigo Testamento, todos declaravam: "Assim diz o Senhor". Ninguém anunciava: "Eu digo" ou "Vou explicar para você". Esses profetas dos tempos da antiga aliança não entendiam o que estavam dizendo. Não cabia a eles entender nem explicar.

Mais tarde, quando o Senhor Jesus veio e nos deu o Espírito Santo, a igreja começou a entender o que os profetas queriam dizer. Lemos em 1Coríntios 2.9,10: "Todavia, como está escrito: 'Olho nenhum viu, ouvido nenhum ouviu, mente nenhuma imaginou o que Deus preparou para aqueles que o amam'; mas Deus o revelou a nós por meio do Espírito. O Espírito sonda todas as coisas, até mesmo as coisas mais profundas de Deus". Deus não o revelou aos profetas do passado — Isaías, Jeremias e outros. Mas escolheu revelar a nós.

Quando esses homens e mulheres de Deus do Antigo Testamento profetizavam, não sabiam o que estavam dizendo.

> Foi a respeito dessa salvação que os profetas que falaram da graça destinada a vocês investigaram e examinaram, procurando saber o tempo e as circunstâncias para os quais apontava o Espírito de Cristo que neles estava, quando predisse a vocês os sofrimentos de Cristo e as glórias que se seguiriam àqueles sofrimentos. A eles foi revelado que estavam ministrando, não para si próprios, mas para vocês, quando falaram das coisas que agora lhes

> são anunciadas por meio daqueles que pregaram o evangelho pelo Espírito Santo enviado dos céus; coisas que até os anjos anseiam observar.
>
> 1PEDRO 1.10-12

Quando você ensina a Palavra de Deus, sabe exatamente o que ele está dizendo. Não é incrível? Um grande privilégio.

2. O espírito de profecia

O segundo reino é o espírito de profecia mencionado em Apocalipse:

> Então caí aos seus pés para adorá-lo, mas ele me disse: "Não faça isso! Sou servo como você e como os seus irmãos que se mantêm fiéis ao testemunho de Jesus. Adore a Deus! O testemunho de Jesus é o espírito de profecia".
>
> APOCALIPSE 19.10

O "testemunho de Jesus" é a pregação do evangelho sob a unção. Quando uma pessoa ministra o evangelho com poder, a atmosfera se torna profética. É isso que as Escrituras querem dizer com espírito de profecia. O Espírito do Senhor cria a atmosfera do profético em uma sala.

O profético tem uma atmosfera, que resulta da Palavra de Deus ministrada com poder, do evangelho pregado com poder. Hoje, em muitos círculos as pessoas não têm poder. É por isso que em muitas áreas não há um verdadeiro dom profético em operação. E, quando não há verdadeiro dom profético, não há outros dons em operação — não há discernimento, palavra de conhecimento, palavra de sabedoria... E não há libertação nem expulsão de demônios. Por quê? Porque, se não há discernimento, como se pode discernir o demoníaco para expulsá-lo?

O profético é o maior dom porque libera todos os outros. É por isso que Paulo disse em 1Coríntios 14.1: "Sigam o caminho do amor e busquem com dedicação os dons espirituais, principalmente o dom de profecia". Quando o profético começa a se manifestar, ativa todos os outros reinos. Todos os outros dons ganham vida. Quando começa o profético, a palavra de conhecimento é ativada, assim como a palavra de sabedoria, o discernimento de espíritos e o dom de línguas. Mas tudo começa com o profético. Portanto, o profético é o mais importante de todos os reinos de nossa vida. Por isso, Moisés disse em Números 11.29: "[...] Quem dera todo o povo do Senhor fosse profeta [...]".

Hoje em dia, muitas pessoas não querem deixar o profético fluir por causa de uma confusão sobre o que é o profético e como ele deve se manifestar e fluir. Em parte, isso acontece porque ninguém nos ensinou adequadamente como controlá-lo. Quando o profético flui, é preciso controlá-lo, pois pode se tornar perigoso. Muitas vezes, pessoas querem se levantar e profetizar quando estou sob uma unção pesada em igrejas ou cruzadas, mas tenho que dizer: "Agora não", porque ainda estou ministrando a Palavra, e não se interrompe o Espírito Santo. Se eu não controlar situações como essa, pode acontecer todo tipo de confusão, que pode ser muito prejudicial ao culto e às pessoas presentes. A instrução de Paulo aos cristãos em Corinto foi: "Pois Deus não é Deus de desordem, mas de paz. Como em todas as congregações dos santos". (1Coríntios 14.33).

Por que isso acontece? Por que as pessoas se sentem levadas a profetizar? Porque o profético se agita quando você prega o evangelho sob o poder de Deus. O espírito de profecia é mencionado em 1Samuel, quando Saul profetizou:

> Então Saul foi para lá. Entretanto, o Espírito de Deus apoderou-se dele, e ele foi andando pelo caminho em transe, até chegar a Naiote.
> 1SAMUEL 19.23

O espírito de profecia que desceu sobre Saul continuou por muito tempo. Permeou a atmosfera de toda a área apenas pelo espírito de profecia que fluiu pelo ministério do profeta Samuel.

3. O dom da profecia

Chegamos ao dom da profecia, que é o terceiro reino. Esse dom é mencionado em 1Coríntios 12 e depois explicado com mais detalhes no capítulo 14. Ele tem fronteiras, o que significa que há limites para seu propósito. Explicarei com mais profundidade as fronteiras desse dom em outro momento. Por enquanto, compartilharei brevemente com você o quarto reino e passarei grande parte do capítulo seguinte falando de mal-entendidos acerca desse terceiro reino, o dom da profecia.

4. O ofício do profeta

Entenda estes dois pontos principais relativos ao quarto reino do profético: primeiro, há o ofício do profeta; segundo, a igreja é construída sobre ele.

> Portanto, vocês já não são estrangeiros nem forasteiros, mas concidadãos dos santos e membros da família de Deus, edificados sobre o fundamento dos apóstolos e dos profetas, tendo Jesus Cristo como pedra angular.
>
> EFÉSIOS 2.19,20

Paulo diz aqui que apóstolos e profetas são o fundamento sobre o qual a igreja é edificada. Também lemos em Efésios 4.11: "E ele designou alguns para apóstolos, outros para profetas, outros para evangelistas, e outros para pastores e mestres". Este versículo estabelece claramente que existe o ofício do profeta.

Nem todos os que profetizam são profetas. Muita gente profetiza porque recebeu o dom da profecia, mas isso é diferente de ocupar o cargo de profeta. O profeta é a porta para o profético. É quem traz essa atmosfera a uma sala. Era o que estava acontecendo na vida de Elias e Eliseu em 1 e 2Reis, onde o profético era ativo em seus seguidores. Mas falarei das Escrituras que apontam o ofício do profeta mais tarde. O ofício do profeta é poderoso; Deus fala por meio de seus profetas.

CAPÍTULO 22

MAL-ENTENDIDOS SOBRE O DOM DA PROFECIA

Há muita confusão e perigo, hoje, em torno do terceiro reino do profético, o dom da profecia. Neste capítulo, vou compartilhar o que a Palavra de Deus diz sobre esse dom. A compreensão adequada sempre começa nas Escrituras. Portanto, vamos começar com a explicação de Paulo aos coríntios.

> Há diferentes tipos de dons, mas o Espírito é o mesmo. Há diferentes tipos de ministérios, mas o Senhor é o mesmo. Há diferentes formas de atuação, mas é o mesmo Deus quem efetua tudo em todos. A cada um, porém, é dada a manifestação do Espírito, visando ao bem comum. Pelo Espírito, a um é dada a palavra de sabedoria; a outro, pelo mesmo Espírito, a palavra de conhecimento; a outro, fé, pelo mesmo Espírito; a outro, dons de curar, pelo único Espírito; a outro, poder para operar milagres; a outro, profecia; a outro, discernimento de espíritos; a outro, variedade de línguas; e ainda a outro, interpretação de línguas. Todas essas coisas, porém, são realizadas pelo mesmo e único Espírito, e ele as distribui individualmente, a cada um, como quer.
>
> 1Coríntios 12.4-11

O Espírito Santo sempre fornece os dons em perfeição e ordem à sua igreja. Quando o Espírito Santo se move, não há confusão. O dom da profecia é dado para exortar, edificar e confortar, o que explicarei mais adiante com mais detalhes. O dom da profecia é fogo vivo. O profético é a chama do Pentecoste. É o que ativa todos os outros dons.

Contudo, o dom deve ser julgado. Nem você nem eu temos permissão para julgar aquele que profetiza. Mas estamos autorizados a julgar o dom. Vou repetir, porque é muito importante. *Deus não nos permite julgar aquele que ele usa, mas devemos julgar o dom que flui na igreja.*

Uma parte da confusão, hoje, é que as pessoas julgam aqueles a quem Deus usa. Mas não temos esse direito. Devemos julgar o que eles dizem, não julgá-los como pessoas. Uma forte razão para a confusão é que as pessoas entendem mal o que Paulo diz em 1Coríntios 14.29: "Falem dois ou três, e os outros julguem cuidadosamente o que foi dito". As pessoas leem isso e pensam: "Ora, então posso julgar os profetas". Não. Paulo está falando sobre o dom em operação. Observe que a palavra "julgar" nessa passagem não significa condenar; vem da palavra grega *diakrino*, que significa discernir, determinar, separar; em outras palavras, avaliar. Devemos decidir se as palavras que ouvimos se alinham com a Palavra de Deus. Para entender o significado de Paulo, é preciso conhecer o capítulo todo. Paulo fala sobre os dons do Espírito Santo e sua operação dentro da igreja, não sobre julgar o ofício do profeta.

Jesus nos instrui em Mateus 7.1: "Não julguem, para que vocês não sejam julgados". A palavra "julgar", aqui, foi traduzida da palavra grega *krino*, que significa julgar judicialmente, condenar, decretar ou condenar. Nunca devemos condenar nem amaldiçoar ninguém. Paulo não disse para condenar o profeta, apenas para avaliar a Palavra profética.

Se analisar toda a Palavra de Deus, tanto o Antigo quanto o Novo Testamentos, você descobrirá que Deus julga o profeta. "Não repreenda asperamente o homem idoso" (1Timóteo 5.1) e "Não aceite acusação contra um presbítero" (1Timóteo 5.19) são as instruções que lemos nas Escrituras. Não temos a liberdade de repreender um homem ou mulher de Deus. Biblicamente, não temos nenhum direito a isso. Deus nos julgará por atacarmos o cargo em que o Senhor os colocou.

Portanto, quando Paulo diz: "E os outros julguem" (1Coríntios 14.29), quer dizer que você tem o direito de julgar as palavras que estão sendo ditas e questionar: "Isso está de acordo com as Escrituras?". As Escrituras são sempre nosso guia mais seguro.

O ofício do profeta

Agora, vamos focar o lado sagrado do profético em que operamos como igreja. Peço que leia Jeremias 1.1-8, pois, por uma questão de espaço, citarei apenas os versículos a seguir:

> O SENHOR estendeu a mão, tocou a minha boca e disse-me: "Agora ponho em sua boca as minhas palavras. Veja! Eu hoje dou a você autoridade sobre nações e reinos, para arrancar, despedaçar, arruinar e destruir; para edificar e plantar".
>
> JEREMIAS 1.9,10

Sem o profético, isso não vai acontecer. Você tem que falar antes que Deus execute. Deus disse a Jeremias: "Agora ponho em sua boca as minhas palavras. [...] dou a você autoridade sobre nações e reinos". Isso é muito poder, e vemos as evidências hoje. Onde está a Babilônia? Onde está a Assíria? Onde está Edom e Moabe? Onde estão os filisteus? Desapareceram. Foram destruídos. Quem os destruiu? Deus. Como? Quando Jeremias falou. Deus não teria feito isso se ele não houvesse falado isso.

Quando ele disse "para edificar e plantar", do que estava falando? De Israel. Os assírios desapareceram. Os gregos antigos e os faraós do Egito desapareceram. Mas há provas contundentes de que os israelitas ainda estão aqui. Sua terra é uma realidade chamada Israel. Os judeus são uma realidade porque Deus disse: "Mas a você não destruirei completamente".

Mais uma vez, como tudo aconteceu? Jeremias falou, e Deus executou. O profético é vital porque, quando você fala, Deus faz.

Contudo, o profético nem sempre é formado por palavras. Sugiro que você leia o livro de Ezequiel e estude tudo que Deus lhe mandou fazer. A obediência desse homem trouxe o julgamento de Deus. E demonstra que o profético nem sempre vem na forma de palavras. Às vezes, o profético é expresso por uma ação, por desempenhar um papel e fazer coisas como um ato profético. Mas isso só é verdade quando essas coisas são feitas pelos profetas.

Esse tipo de profético libera a unção de Isaías 10.27, que é a unção que destrói e edifica as nações. Lembre-se do que compartilhei no início deste livro. Existem três reinos da unção: 1João 2.27 mostra a unção permanente que opera em nosso coração. Atos 1.8 mostra a unção fortalecedora para nosso ministério ou ofício. Isaías 10.27 revela a unção de domínio, que destrói e edifica as nações. A unção de domínio transforma as nações.

Essa unção de domínio é a que veio contra os assírios. Quando Isaías 10.27 fala sobre a quebra do jugo, refere-se ao jugo dos assírios, não a um jugo no pescoço de alguém. Se você já citou Isaías 10.27 para declarar que Deus está quebrando o jugo do pescoço de alguém, sugiro que releia o capítulo todo. Deus falou dos assírios que se lançaram contra Israel, e a unção quebrou esse jugo específico.

Essa unção de domínio é a que operou na vida de Moisés quando ele entrou no Egito, destruindo a terra. Essa mesma unção operou na vida de Josué quando ele entrou na terra prometida. Tão poderosa foi a unção que ele ordenou que o sol ficasse parado. Que unção é essa? É a unção que afeta o destino das nações.

O mesmo acontece com a profecia e a atuação de Jeremias. A unção de domínio começa a operar por meio de Jeremias e acaba destruindo os assírios e babilônios.

O Império Romano desmoronou pela seguinte razão: o apóstolo Paulo foi a Roma, e sua pregação destruiu todo o império. Foi isso que aconteceu. Ele teve que ir a Roma para derrubar todo um império e levantar a igreja. Escreverei mais sobre a unção de domínio em capítulos posteriores.

Deus nos revela mistérios da unção e mistérios do profético. "Aquele que tem ouvidos ouça o que o Espírito diz às igrejas" (Apocalipse 2.29).

CAPÍTULO 23

O PROFETA E O PLANO REDENTOR DE DEUS

Nós precisamos dos profetas. Alguns profetizam, e outros são profetas. Há uma diferença entre uma pessoa que opera no dom da profecia e a que atua no ofício do profeta. O profeta é o segundo ofício mencionado nos cinco dons de ascensão que Jesus deu à igreja a fim de nos amadurecer para a obra do ministério. O profeta tem extrema importância.

> E ele designou alguns para apóstolos, outros para profetas, outros para evangelistas, e outros para pastores e mestres, com o fim de preparar os santos para a obra do ministério, para que o corpo de Cristo seja edificado.
>
> EFÉSIOS 4.11,12

Quando um profeta da Bíblia, como Isaías, Jeremias ou Ezequiel, profetizava, permanecia dentro do plano redentor de Deus. Independentemente do assunto, se ele falava sobre o pecado ou a redenção dos israelitas, sua palavra profética tratava do plano redentor de Deus. Os profetas decretaram que o julgamento cairia sobre os israelitas por causa dos seus pecados; os profetas falaram da Babilônia ou de outras nações que Deus usou para julgar seu povo de Israel.

Cada palavra que os profetas pronunciaram estava dentro do plano redentor de Deus para Israel.

Há passagens que declaram que Deus levantou nações, como os assírios, os babilônios, os medos e os persas. Elas foram criadas para cumprir o propósito de Deus, o plano redentor de Deus para Israel. Por exemplo, Deus usou os assírios como sua vara de julgamento para punir Israel por idolatria. Também usou os assírios para preservar Israel e, finalmente, restaurar seu povo.

Deus fez a mesma coisa com os babilônios. Levantou o rei Nabucodonosor para julgar Judá e purificar seu povo. Mais tarde, usou os medos e persas para restaurar o povo de Israel à sua própria terra. Tudo isso fazia parte do plano redentor de Deus.

Deus também levantou Ciro para seu propósito em seu plano redentor. Em Isaías 45, Ciro foi mencionado nessa Palavra profética, centenas de anos antes de chegar ao trono. Deus profetizou por meio de Isaías que Ciro seria aquele que restauraria Israel à sua terra natal e os ajudaria a reconstruir o templo. O fio condutor que vemos aqui é o plano redentor de Deus para seu povo. *O profético sempre fica dentro da fronteira do plano redentor de Deus.*

Nenhum dos quatro reinos do profético pode ir além da redenção. Sob qualquer ponto de vista, a Bíblia é a história da redenção. Vejamos a história de Abraão indo ao Egito em Gênesis 12.10-20. Deus fez que Abraão deixasse sua casa e fosse para a terra prometida e depois fez que fosse para o Egito. Você já ouviu essa história: Abraão disse ao faraó que Sara era sua irmã porque tinha medo de que o faraó quisesse matá-lo para levá-la. Abraão disse a verdade: Sara era sua meia-irmã e sua esposa; eles tinham o mesmo pai. Deus usou o faraó para abençoar Abraão com ouro e prata, para estabelecê-lo na Terra Santa. Isso fala sobre o plano redentor de Deus.

Encontramos outro exemplo do plano redentor de Deus na vida de Isaque. Em Gênesis 26.1-16, vemos a história de Isaque e Abimeleque, rei dos filisteus. Abimeleque fez uma aliança com Isaque para protegê-lo. Mais uma vez, Deus usou um rei ímpio para que seu plano redentor pudesse ser estabelecido.

Na vida de José, encontramos um terceiro exemplo do plano redentor de Deus em ação. Gênesis 37—50 nos dá a história completa. A conclusão é a seguinte: Deus usou o faraó para abençoar José e salvar seu povo mais uma vez. Cada rei gentio que vemos nesses exemplos foi levantado por Deus para que, de uma forma ou de outra, cumprisse o plano redentor de Deus para Israel.

Deus permitiu que os filisteus e seu poderoso campeão Golias existissem para que houvesse um Davi — o mesmo Davi que nós conhecemos e amamos. Os filisteus foram usados por Deus para promover Davi de pastor a guerreiro e depois a rei; Deus usou o exército inimigo e seu campeão para cumprir seu plano redentor. Leia toda a Bíblia com a redenção em mente e você verá que, repetidamente, Deus usou homens ímpios colocados em uma posição que cumprisse o plano redentor dele.

Em cada exemplo, vemos que a palavra profética permaneceu dentro dos limites do plano redentor. *Quando o profético sai da redenção, sai da Palavra de Deus.*

CAPÍTULO 24

COMPREENDENDO A UNÇÃO DE DOMÍNIO

Eu vejo o mundo como um quebra-cabeça gigante. Ultimamente, vejo peças se encaixando, e isso não é muito animador. Entender a unção de domínio mencionada em Isaías 10.27 nos ajudará a entender os tempos e as estações que estamos enfrentando agora, bem como o lugar estratégico que cada um de nós ocupa para os dias vindouros.

Como eu disse no Capítulo 2, poucas pessoas têm a unção de Isaías 10.27. Essa unção repousou sobre Moisés, Josué, Isaías, Jeremias, Ezequiel, Elias, Eliseu e alguns outros na antiga aliança. Repousou sobre indivíduos que Deus usou como porta-vozes, por meio da profecia, para levantar um reino ou destruí-lo.

Para entender melhor o que é essa rara e preciosa unção, vamos analisar a passagem que a anuncia.

> E acontecerá, naquele dia, que a sua carga será tirada do teu ombro, e o seu jugo, do teu pescoço; e o jugo será despedaçado por causa da unção.
> ISAÍAS 10.27 (ARC)

Existem alguns equívocos sobre esse versículo e sobre o jugo indicado aqui. Mas vamos pôr o foco na última palavra: "unção". A palavra traduzida por "unção" é a hebraica *shemen*, que descreve um tipo específico de óleo perfumado. Isso implica riqueza e raridade. Essa palavra hebraica traduzida por "unção" é usada nas Escrituras somente aqui; em outros lugares do Antigo Testamento, a palavra *mischah* é mais comumente usada para se referir à unção para um ofício. Essa palavra em particular faz inferir que essa unção especial é tão rara quanto o caro óleo perfumado.

A unção de domínio tem potencial de transformação em escala global. Nela está o poder de destruir e edificar nações, derrubar uma forma de governo e pôr outra em seu lugar. Eventos dessa escala não são comuns, e o poder de iniciar essas mudanças épicas é imenso, até mesmo impressionante. Não é um poder a ser usado levianamente; portanto, não é dado com leviandade. Assim como a unção fortalecedora para o ministério não é dada a todos, somente àqueles que provaram ser fiéis e confiáveis pelo tempo passado na presença do Senhor, o mesmo acontece com esse dom.

A unção permanente é concedida a todos os cristãos no momento da salvação. A unção fortalecedora é dada àqueles a quem Deus pode confiá-la. É concedida àqueles que pagaram o preço por essa unção para ministrar. A unção de domínio, no entanto, é dada apenas a poucos selecionados. Poucos profetas atingiram esse nível. E há uma boa razão para isso: com grandes poderes vêm grandes responsabilidades. Somente aqueles que se mostraram responsáveis nesse nível, como Moisés, Isaías ou Ezequiel, carregarão esse pesado manto de unção.

Creio que estamos entrando no que chamo de reino da unção de Elias. Ainda não vimos completamente um reino de Elias na terra. Vimos vislumbres e temporadas que vieram e se foram, que não duraram muito. Mas chegaremos aos tempos de Elias em breve, um tempo em que esse imenso poder de Deus será demonstrado mais que nunca. Durante essa temporada, as nações serão abaladas em tal escala que só poderá ser vista como um reposicionamento global dos governos. Somente quem tiver uma unção pura em sua vida poderá permanecer durante esses tempos.

A Escritura ajuda você a montar o quebra-cabeça porque conecta o que está acontecendo no mundo com o que o Senhor predisse em sua Palavra. Gosto de ver primeiro o que está acontecendo em Israel, não apenas porque é a terra em que nasci, mas porque é a voz da profecia. A voz da profecia não são os Estados Unidos, a Rússia ou a China; é Israel. Mas não preciso ver só Israel; também preciso ver o que está acontecendo na Europa e especialmente no Reino Unido. Os Estados Unidos não são importantes quando se trata de profecia bíblica; o papel que esse país desempenha é relativamente menor. Tem um papel, mas não é grande. No que diz respeito ao plano de Deus para o mundo, os Estados Unidos estão sendo profeticamente tirados do caminho. Os Estados Unidos ainda terão seu lugar por uma temporada bem curta, e escreverei sobre eles na profecia bíblica em outro livro.

Temos que ver tudo como um quebra-cabeça gigante, cujo centro é a Bíblia. Quando vemos tudo pelas lentes da Palavra de Deus, começamos a fazer as conexões certas e conseguimos juntar as peças do quebra-cabeça com precisão. Comece pesquisando as Escrituras para aprender primeiro sobre Israel, sobre seu lugar no mundo e seus eventos, no primeiro reino da profética Palavra escrita de Deus. Depois de ter esse entendimento, você poderá aprender sobre outras nações e como elas se encaixam no profético, de acordo com as Escrituras. Mas o quebra-cabeça ainda não está completo. Mais e mais é revelado à medida que as coisas progridem e se desenvolvem, porque a profecia é revelada enquanto está em processo. É crucial que você entenda seu lugar no plano de Deus.

> Irmãos, quanto aos tempos e épocas, não precisamos escrever, pois vocês mesmos sabem perfeitamente que o dia do Senhor virá como ladrão à noite. Quando disserem: "Paz e segurança", a destruição virá sobre eles de repente, como as dores de parto à mulher grávida; e de modo nenhum escaparão. Mas vocês, irmãos, não estão nas trevas, para que esse dia os surpreenda como ladrão. Vocês todos são filhos da luz, filhos do dia. Não somos da noite nem das trevas. Portanto, não durmamos como os demais, mas estejamos atentos e sejamos sóbrios; pois os que dormem, dormem de noite, e os que se embriagam, embriagam-se de noite. Nós, porém, que somos do dia, sejamos sóbrios, vestindo a couraça da fé e do amor e o capacete da esperança da salvação. Porque Deus não nos destinou para a ira, mas para recebermos a salvação por meio de nosso Senhor Jesus Cristo.
>
> 1Tessalonicenses 5.1-9

Isso nos diz que Deus nos deu luz para conhecer as estações. Se você caminha na luz de Deus, ela ilumina seu entendimento para que você veja e compreenda claramente as revelações proféticas das Escrituras.

Outra passagem bíblica que eu gostaria que você lesse se encontra em 2Tessalonicenses. Depois de apresentá-la, mostrarei como essa passagem se encaixa com 1Tessalonicenses 5.

> Irmãos, quanto à vinda de nosso Senhor Jesus Cristo e à nossa reunião com ele, rogamos a vocês que não se deixem abalar nem alarmar tão facilmente, quer por profecia, quer por palavra, quer por carta supostamente vinda de nós, como se o dia do Senhor já tivesse chegado. Não deixem que ninguém os engane de modo algum. Antes daquele dia virá a apostasia e, então, será revelado o homem do pecado, o filho da perdição. Este se opõe e se exalta acima de tudo o que se chama Deus ou é objeto de adoração, chegando até a assentar-se no santuário de Deus, proclamando que ele mesmo é Deus. Não se lembram de que, quando eu ainda estava com vocês, costumava falar essas coisas? E agora vocês sabem o que o está detendo, para que ele seja revelado no seu devido tempo. A verdade é que o mistério da iniquidade já está em ação, restando apenas que seja afastado aquele que agora o detém. Então será revelado o perverso, a quem o Senhor Jesus matará com o sopro de sua boca e destruirá pela manifestação de sua vinda. A vinda desse perverso é segundo a ação de Satanás, com todo o poder, com sinais e com maravilhas enganadoras. Ele fará uso de todas as formas de engano da injustiça para os que estão perecendo, porquanto rejeitaram o amor à verdade que os poderia salvar.

> Por essa razão Deus lhes envia um poder sedutor, a fim de que creiam na mentira e sejam condenados todos os que não creram na verdade, mas tiveram prazer na injustiça.
>
> 2TESSALONICENSES 2.1-12

Paulo afirma que duas coisas devem acontecer antes que o Senhor retorne: (1) uma apostasia e (2) uma revelação do homem do pecado. Ele disse ao povo de Tessalônica, há mais de dois mil anos, para estar preparado. Eles esperavam ver algo, mas todos morreram e não viram nada. Mas acredito que esta geração verá.

CAPÍTULO 25

A UNÇÃO DE DOMÍNIO REVELADA

Em toda a preciosa Palavra de Deus, temos exemplos da unção de domínio que conquista reinos e edifica nações. Esses bíblicos transformadores do mundo foram seguidos por líderes incríveis na história da igreja moderna, até o século XX. A unção de domínio será mostrada por meio do exemplo neste capítulo comovente. Todos os citados foram selecionados pelo impacto que causaram em seu mundo pela unção de domínio.

Exemplos bíblicos da unção de domínio

É evidente que o Senhor Jesus operou nessa unção, mas nele todas as unções de Deus permanecem e encontram sua plenitude porque ele é Cristo, o Ungido. Ele esteve presente na vida de cada um desses vasos ungidos. Começaremos com um dos primeiros exemplos da unção de domínio.

Moisés

A unção de domínio que Moisés carregava libertou os filhos de Israel e arrasou os exércitos do Egito. O principal profeta do Antigo Testamento estava no comando do poder de Deus quando executou as dez pragas, que culminaram na destruição dos primogênitos do Egito e levaram à libertação dos hebreus da escravidão. A nação de Israel nasceu, ao passo que a nação do Egito foi dizimada. Uma foi derrubada, e outra edificada graças à revelação da unção de domínio.

Josué

Josué, o sucessor profético de Moisés, era um devoto fervoroso, e sua força e coragem o elevaram a uma posição de liderança ordenada por Deus. Josué liderou a nação abandonada de Israel na conquista da terra prometida. Em Josué 1.5, Deus lhe diz: "Ninguém conseguirá resistir a você todos os dias da sua vida. Assim como estive com Moisés, estarei com você; nunca o deixarei, nunca o abandonarei". Josué comandou um exército de ex-escravos e seus descendentes em uma extensa campanha de remoção de reinos e governos a fim de estabelecer territórios para cada uma das doze tribos. Foi capaz disso graças ao poder da unção de domínio que operava por meio dele.

Débora

Débora era uma força a ser reconhecida. Era *feroz*. Quando Josué completou seu mandato, Débora, uma profetisa de Deus, liderou o povo dele como um dos primeiros juízes de Israel (v. Juízes 4—5). Ela deu uma palavra profética a Baraque, filho de Abinoão, para enfrentar o exército de Jabim. Esse homem poderoso se recusou a ir, a menos que Débora fosse junto. Baraque de fato venceu o exército de Jabim, mas o capitão de Jabim, Sísera, foi morto por uma mulher, Jael, que foi homenageada na canção de vitória de Débora (v. Juízes 5). Mais uma vez, a unção de domínio estava em pleno vigor e derrubou o reino de Jabim em favor de Israel.

Gideão

Guerreiro relutante, profeta cauteloso e, em sua própria avaliação, o membro menos significativo da menor tribo de Judá, Gideão era escolhido de Deus. Ele provou o chamado de Deus sobre si e aceitou a unção de domínio que lhe fora designada. Juízes 7 conta a história da vitória de Gideão sobre o enorme exército midianita com um grupo reduzido — apenas 300 homens da força inicial de 32 mil soldados voluntários que comandava. O poder de Deus fluiu por meio de Gideão para derrubar, construir e dominar.

Sansão

Sansão era a representação do homem valoroso de Israel. Demonstrou força física sobrenatural e caminhou em aliança com Deus. Sansão, um nazireu, foi dedicado a Deus ainda no ventre. Sua mãe, estéril, recebera a visita do Anjo do Senhor, que lhe dissera que ela daria à luz um filho. Instruíra que a cabeça do menino jamais deveria ser tocada por uma navalha e predissera que Sansão lideraria a libertação de Israel das mãos dos filisteus (Juízes 13.1-5). Sansão liderou Israel durante vinte anos na época dos filisteus. A unção de domínio foi forte na vida dele. Certa vez, o Espírito do Senhor desceu sobre Sansão, e este matou 2 mil filisteus com uma queixada de jumento. Depois que Sansão caiu em pecado lascivo com Dalila e ela cortou seu cabelo, Deus não o usou mais de maneira poderosa. O poder de Sansão foi desativado, e ele foi capturado. Cego e acorrentado, Sansão derrubou as colunas do templo de Dagom e matou milhares de filisteus que ali se reuniam. Mas Deus restaurou a força de Sansão, e ele matou mais filisteus naquele momento que em toda a sua vida (v. Juízes 16).

Davi

Davi, o popular herói da escola dominical, foi muito mais que o campeão que derrotou Golias, o gigante filisteu. Davi tinha um relacionamento pessoal, amoroso e desesperadamente dependente com seu Criador, sua defesa e seu amigo. Deus comungava com Davi. Davi conhecia seu Senhor e Rei.

Ele foi ungido rei de Israel pelo profeta Samuel quando era um jovem pastor. Nem mesmo o pai de Davi, Jessé, via potencial em seu próprio filho. Ele nem sabia que Davi era um possível candidato a rei. Samuel também não, até que Deus abriu os olhos do profeta. Davi é nosso exemplo de que, enquanto as pessoas veem um menino pastor, Deus vê um rei. Davi era um profeta e caminhava na poderosa unção de domínio enquanto lutava contra os inimigos de Israel. Davi e seu reino tiveram um descanso dos inimigos de Israel no final do reinado desse poderoso rei.

Elias

Elias fez descer fogo do céu. O poderoso profeta tesbita aparece nas Escrituras primeiro em 1Reis 17.1, onde proclamou uma palavra profética contra Acabe e a nação de Israel: "[...] não cairá orvalho nem chuva nos anos seguintes, exceto mediante a minha palavra". A seca de três anos culminou no famoso confronto no monte Carmelo, quando Elias destruiu os profetas de Baal. A grande autoridade da unção de domínio marcou a vida e o ministério de Elias por todo o capítulo 1 de 2Reis, e em 2Reis 2.11 seu manto foi passado para seu sucessor, Eliseu.

Eliseu

Eliseu não queria sair do lado de Elias, sabendo que havia um manto de seu mentor esperando por ele.

De repente, uma carruagem de fogo, com cavalos de fogo, apareceu e separou os dois, e Elias subiu ao céu em um redemoinho. O manto caiu de Elias quando ele foi arrebatado, e a unção de domínio do profeta Elias passou a repousar sobre Eliseu quando o pegou. O manto de Elias passou a repousar sobre Eliseu, que caminhou na unção de domínio todos os dias restantes de sua vida. Quando o cadáver de um homem foi jogado sobre os ossos de Eliseu, o morto foi ressuscitado e se levantou, porque ainda havia poder suficiente nos ossos do falecido profeta.

Pedro

O apóstolo Pedro, discípulo de Jesus Cristo, começou a operar na poderosa unção de domínio no dia de Pentecoste, quando o Espírito Santo se derramou. O sermão de Pedro, que começa em Atos 2.14, culmina com a salvação de 3 mil almas, como lemos no versículo 41. Pedro se movia em tanta autoridade nos caminhos da cidade, na esperança de que a sombra dele que enfermos eram colocados em esteiras os tocasse. Jesus profetizou que sua igreja seria edificada sobre a revelação divina de Jesus Cristo feita por Pedro. Ele foi um importante líder dos cristãos da igreja primitiva e virou o mundo de cabeça para baixo com o evangelho de Jesus Cristo.

Paulo

Nascido em Tarso, Saulo era um israelita da tribo de Benjamim e cidadão romano. Foi instruído como fariseu e perseguiu os cristãos. Esteve presente no apedrejamento de Estêvão. Ficou temporariamente cego e converteu-se dramaticamente quando teve um encontro com Jesus ressuscitado na estrada para Damasco. Conforme o relato do livro de Atos, a unção de domínio catapultou o recém--nomeado Paulo para um lugar muito significativo na história mundial. As viagens missionárias do apóstolo Paulo mudaram o curso das nações. As cartas dele, inspiradas pelo Espírito Santo, aos primeiros cristãos e líderes da igreja compreendem uma parte importante do Novo Testamento e ainda hoje guiam a vida dos cristãos no mundo todo.

Exemplos da igreja moderna que mudaram o mundo

Em todas as gerações, desde os cristãos do século I, houve pessoas designadas por Deus para receber a rara e preciosa unção de domínio. Escolhi alguns exemplos que são particularmente notáveis. Esta não é, de forma alguma, uma lista exaustiva; talvez alguns nomes lhe sejam familiares, e outros não. Mas, conhecendo ou não esses nomes, o impacto que causaram é inegável.

Jan Hus

A unção de domínio fluiu através do reformador do século XIV Jan Hus, mudando a face da Europa Ocidental e deixando um caminho para outros no período da Reforma. Sua presença na terra mudou a direção da igreja no mundo todo.

Hus criticava as práticas ímpias da Igreja católica, como a troca de penitências, cargos e itens sagrados por dinheiro. Por sua postura franca, Hus foi excomungado e viveu no exílio por dois anos. Enquanto estava no exílio, compilou suas opiniões sobre a igreja em um livro intitulado *De Ecclesia*. Então, foi chamado perante o Concílio de Constança, na Alemanha, e preso, mas se recusou a mudar de posição. Dizia: "Não vou me retratar por dizer a verdade nem por uma capela de ouro!".

Hus foi executado por heresia em 1415. Antes de sua morte, profetizou: "Agora vocês queimam um ganso, mas daqui a um século terão um cisne que não poderão assar nem cozinhar".[1] Essa profecia inspirou Martinho Lutero a adotar o cisne como seu símbolo, que ainda é usado por muitas igrejas luteranas.

Martinho Lutero

Cerca de cem anos depois, apareceu o cisne, quando Martinho Lutero pregou suas 95 Teses na porta da Igreja do Castelo de Wittenberg, na Alemanha.

Martinho Lutero foi uma figura importante na Reforma Protestante, pois operou sob a unção de domínio. Enquanto estudava em um mosteiro católico, Lutero foi convencido por um princípio que encontrou nas Escrituras: "O justo, pela sua fé, viverá" (Habacuque 2.4, ARC; cf. tb. Romanos 1.17; Gálatas 3.11; Hebreus 10.38).

Assim como Hus, Lutero criticou a Igreja católica por suas práticas ímpias e pregou uma lista de suas discordâncias (as 95 Teses) na porta da Igreja de Wittenberg em 1517. Cópias em latim se espalharam por toda a Europa, inflamando o movimento protestante, sob o fluxo da poderosa unção de domínio. Excomungado pela Igreja católica, Lutero organizou uma igreja incipiente

---

[1] Hus, Jan, The Goose, **Lutheran Press**. Disponível em: https://lutheranpress.com/the-swan/. Acesso em: 4 jan. 2022.

baseada nas Escrituras, ensinando e escrevendo muitos hinos, como *A Mighty Fortress* e *Away in a Manger*.

Movido pelo Espírito Santo, Lutero acreditava que todos deveriam ter acesso às Escrituras, por isso traduziu a Bíblia para a língua alemã comum, impressa em 1536. Morreu em 1546 e foi sepultado na Igreja de Todos os Santos, em Wittenberg, onde havia afixado as 95 Teses quase trinta anos antes.

William Tyndale

"Faça-se a luz." Essas palavras poderosas do início da Bíblia Sagrada foram escritas por William Tyndale, cuja tradução da Bíblia também nos trouxe termos como Páscoa, expiação e "não julguem para que vocês não sejam julgados". Nascido na Inglaterra por volta de 1494, educado em Oxford e dotado em teologia e línguas, Tyndale foi contemporâneo de Martinho Lutero e como ele também atuou sob a unção de domínio e deu acesso às Escrituras ao homem comum, mudando a face da Europa e do mundo.

Naquela época, era ilegal inclusive possuir uma cópia de qualquer Escritura que não fosse sancionada pela Igreja católica. Fluente em hebraico, grego e latim, Tyndale começou uma tradução da Bíblia por volta de 1525 e a concluiu enquanto escondido na Europa, nos dez anos seguintes. Traído por um amigo, em 1535 Tyndale foi preso por heresia e extraditado para a Inglaterra, onde foi condenado e executado em 1536.

A unção de domínio continua fluindo por meio do trabalho de Tyndale; muitas traduções da Bíblia não existiriam sem a tradução das Escrituras de Tyndale. Estudiosos estimam que mais de três quartos da Bíblia do Rei Tiago, publicada pela primeira vez em 1611, pode ser atribuída diretamente ao trabalho de Tyndale.

John Wesley

O mundo moderno foi transformado pela unção de domínio que estava em plena operação em John Wesley. Ele chamava a si mesmo de "tição tirado do fogo" (Zacarias 3.2). Em 1709, quando Wesley tinha 5 anos, ficou preso em sua casa em chamas até que um homem parado sobre os ombros de outro o tirou por uma janela. Ele foi um teólogo e evangelista que junto com seu irmão mais novo, Charles, liderou um movimento de avivamento na Igreja da Inglaterra que ficou conhecido como metodismo.

Depois que uma profunda experiência religiosa deixou seu "coração estranhamente aquecido",[2] Wesley viajou pelo país a cavalo para pregar a salvação pela fé pela graça de Deus como "livre em todos e livre para todos".[3] Em 1739, ele e seu irmão organizaram a Sociedade Metodista na Inglaterra. Em vez de grandes catedrais, os cristãos se reuniam em pequenas capelas e eram incentivados a cuidar dos pobres.

Wesley pregava que todas as pessoas eram capazes de receber a salvação e também era um forte oponente à escravidão. Seus ensinamentos abolicionistas influenciaram muitas pessoas dos dois lados do Atlântico

---

[2] I Felt My Heart Strangely Warmed, **Journal of John Wesley**. Disponível em: https://www.ccel.org/ccel/wesley/journal.vi.ii.xvi.html. Acesso em: 4 jan. 2022.

[3] WESLEY, John, Free Grace. A Sermon Preached at Bristol, **Evans Early American Imprint Collection**. Disponível em: https://quod.lib.umich.edu/e/evans/N03929.0001.001/1:4?rgn=div1;view=fulltext. Acesso em: 4 jan. 2022.

enquanto ele fluía sob a unção de domínio. Ele morreu em 1791, aos 87 anos; suas últimas palavras foram: "O melhor de tudo é que Deus está conosco".[4]

D. L. Moody

Dwight Lyman Moody dizia que poucas pessoas seriam cristãs, evangelistas, professores e homens de Deus ungidos mais improváveis que ele. Nascido em 1837 em Massachusetts em uma vida difícil de pobreza, Moody se tornou cristão em 1855, quando seu professor da escola dominical lhe disse que Deus o amava, levando-o primeiro à salvação e depois ao ministério. Sob a unção de domínio, Moody demonstrou uma devoção incansável aos seus congregados, o que levou a um incrível crescimento da igreja. O presidente Abraham Lincoln falou uma vez na escola dominical dele. Durante a Guerra Civil, Moody visitava a frente de batalha com frequência, proporcionando conforto e coragem às tropas cansadas. Em 1864, fundou a Illinois Street Church, em Chicago. O Grande Incêndio de Chicago de 1871 destruiu a igreja e a casa de Moody, deixando-lhe nada além de sua Bíblia e sua reputação. Os anos seguintes foram um turbilhão de expedições de pregação, levado pela unção de domínio a viajar pelos Estados Unidos, Reino Unido e inclusive Suécia, onde era comum cada reunião sua congregar milhares de pessoas. O presidente Grant e membros de seu gabinete compareceram a um dos cultos de Moody e se reuniram com ele em particular.

---

[4] Iovino, Joe, God Is with Us: Blessing the Dying and Those Who Grieve, **UMC.org**. Disponível em: http://ee.umc.org/what-we-believe/god-is-with-us-blessing-the-dying-and-those-who-grieve. Acesso em: 4 jan. 2022.

Moody voltou a Massachusetts e liderou uma série de conferências para ministros e encorajou os cristãos a servir em missões. Pregou seu último sermão em Kansas City, Missouri, em 1899; morreu apenas um mês depois. O Moody Bible Institute (MBI), fundado em 1886, é uma universidade credenciada que atende milhares de estudantes todos os anos em seus três *campi* em Illinois, Michigan e Washington. Também inclui a Moody Radio, uma rede de 71 estações evangélicas, bem como plataformas digitais, que continuam espalhando o evangelho. A Moody Publishers, outro braço da MBI, continua sendo uma editora vibrante, que representa vários autores renomados e oferece material de suporte a ministérios no mundo todo.

Albert Benjamim "A. B." Simpson

Fogo gera fogo. A. B. Simpson estava pegando fogo! Ele transformou a maneira de os ministérios alcançarem os perdidos. Sua abordagem focava o homem comum e apontava para missões mundiais. A unção de domínio sobre sua vida mudou o mundo.

Criado em um lar rigoroso com ideais puritanos, em 1859 o jovem adolescente canadense começou uma nova caminhada de fé, influenciado pelo evangelista irlandês Henry Guinness, que treinou centenas de "missionários de fé" ao redor do mundo. Mais tarde, enquanto era pastor em Louisville, Kentucky, Simpson se sentiu levado a construir um tabernáculo simples para alcançar "o homem comum".

Quando Simpson se mudou para a movimentada cidade de Nova York, o imenso número de imigrantes e as condições em que viviam comoveram seu coração compassivo e conquistador de almas. Sob a orientação da unção de domínio, fundou a Christian and Missionary Alliance (CAMA), com um programa de treinamento para ministros para servir em missões em outros países e culturas. Seus ensinamentos enfatizavam quatro aspectos de Cristo: "Jesus, nosso Salvador, Santificador, Curador e Rei vindouro".[5]

Simpson também compôs mais de cem hinos, como *A Missionary Cry*, que incentiva a levar "o evangelho do Reino" a todas as terras.[6] Ele morreu em 1919 em Nova York, mas seu alcance global influenciou muitos ministérios posteriores e ainda é um legado para o mundo.

William Franklin "Billy" Graham

Tal qual estou, eis-me, Senhor,
Pois o teu sangue remidor
Verteste pelo pecador;
Ó Salvador, me achego a Ti![7]

Esse hino era o favorito do evangelista americano Billy Graham. Era frequentemente usado como convite nas mais de 400 cruzadas que ele realizou em igrejas, tendas, arenas

---

[5] BALMER, R. H. **Encyclopedia of Evangelicalism**. Waco, Texas: Baylor University Press, 2004. p. 128.

[6] SIMPSON, A. B., A Missionary Cry, **Hymnary.org**. Disponível em: https://hymnary.org/text/a_hundred_thousand_souls_a_day. Acesso em: 4 jan. 2022.

[7] Hino "Tal qual estou", do Cantor Cristão. Disponível em: <https://cantorcristaobatista.com.br/CantorCristao/hino/show/266>. Original de autoria de ELLIOTT, C., Just as I Am, Without One Plea, **Hymnary.org**, 1790, <https://hymnary.org/text/just_as_i_am_without_one_plea>.

e estádios ao redor do mundo, sendo relatados mais de 3,2 milhões de respostas a chamados ao altar em mais de cinquenta anos de ministério.

Algumas vezes conhecido como "pastor da América", Graham viajou pelo mundo, e a poderosa unção de domínio lhe abria as portas de governos e líderes. Reuniu-se com 13 presidentes consecutivos dos Estados Unidos, de Truman a Trump. Também se encontrou com a rainha Elizabeth II, Nelson Mandela e muitos outros líderes de todos os lugares do Globo.

Graham era um forte defensor dos direitos civis. Durante a década de 1950, instituiu uma política de integração racial para todos os públicos de suas cruzadas. Convidou o reverendo Martin Luther King em várias ocasiões para se juntar a ele na plataforma e falar. Graham também se recusou a realizar cruzadas na África do Sul sob o *apartheid* enquanto público misto não fosse permitido.

Graham usou o rádio e a televisão para que um público maior pudesse ouvir suas mensagens. Ao incorporar meios de comunicação em seu ministério, conseguiu alcançar uma audiência mundial. Ele instituiu um famoso código de ética para sua vida e trabalho, a fim de se proteger contra acusações de abuso financeiro, sexual e de poder. O vice-presidente Mike Pence era um seguidor da "regra de Billy Graham"[8] e usava os princípios dele para proteger sua própria reputação.

O reverendo Graham escreveu 33 livros, muitos dos quais foram *best-sellers*, incluindo *Billy Graham, uma autobiografia*. Morreu de causas naturais em sua casa,

---

[8] GRAHAM, B. What's "the Billy Graham Rule"? **Billy Graham Evangelistic Association**, 23 de julho de 2019, <https://billygraham.org/story/the-modesto-manifesto-a-declaration-of-biblical-integrity/>.

na Carolina do Norte, em 2018; tinha 99 anos. Até hoje, a Billy Graham Evangelistic Association é um dos maiores ministérios evangelísticos do mundo. O filho de Billy, Franklin Graham, dirige a Samaritan's Purse, que presta assistência em situações de desastres e ajuda humanitária no mundo todo. Cerca de 200 mil pessoas visitam a Biblioteca Billy Graham todos os anos. Ainda hoje suas mensagens chegam às pessoas pela internet, pelo rádio e pela imprensa. Da varanda do céu, Billy Graham ainda está conquistando os perdidos.

Oral Roberts

"Vá ao mundo de cada homem." Essa foi a instrução que Deus deu a Oral Roberts, lançando-o em um ministério mundial que mudou o mundo graças ao poder da unção de domínio.

Granville Oral Roberts nasceu em Oklahoma em 1918; tornou-se um dos pregadores mais conhecidos nos Estados Unidos. Aos 17 anos, estava morrendo de tuberculose, até que seu irmão mais velho o levou para um culto em uma tenda, onde foi curado. Mais tarde, Roberts relatou que, no caminho para o culto, Deus falara com ele: "Filho, vou curá-lo, e você deve tomar e usar meu poder de cura para sua geração".[9]

O evangelismo logo se tornou o foco do ministério de Roberts; suas reuniões em grandes tendas criavam uma atmosfera de expectativa enquanto seu ministério se espalhava pelos Estados Unidos e alcançava o mundo todo. Ele realizou mais de 300 cruzadas e pessoalmente impôs as mãos em mais de

---

[9] ROBERTS, R. **He's a Healing Jesus**. Tulsa, Oklahoma: Oral Roberts Evangelistic Association, 2013.

2 milhões de pessoas. Milagres começaram a acontecer, mas os desafios também. Sua atividade como "curador pela fé" provocou controvérsia, apesar de Roberts ter declarado firmemente: "Eu não sou curador. Só Deus pode curar".[10]

Roberts foi um dos primeiros defensores dos direitos civis e insistiu na plena integração racial de seu público. Para expandir seu alcance, começou a fazer programas de rádio no início de seu ministério, e a seguir programas na televisão, tornando-se o pioneiro do televangelismo. Ele também é autor de vários livros, inclusive de bolso, para facilitar a revisão das lições ao longo do dia. O lema de Oral Roberts, "Algo de *bom* vai acontecer com você",[11] e seu ensino revelador sobre "sementes de fé" abriram o coração de milhões de pessoas para a verdade bíblica: "Deus é um Deus *bom*!" e quer abençoar abundantemente o seu povo.

Para avançar na missão de levar o evangelho ao "mundo de cada homem", foi construída a Universidade Oral Roberts, em Tulsa, Oklahoma, que abriu suas portas em 1963. Uma equipe fica dia e noite em sua Torre de Oração há mais de meio século, aceitando pedidos e apresentando-os a Deus. Essa universidade credenciada já preparou milhares de homens e mulheres para levar o evangelho ao mundo de cada homem.

Roberts continuou ativo no ministério até 1993, quando se aposentou, aos 75 anos. Então, ele e sua "querida esposa,

---

[10] KEEN, E. "Only God Can Heal" Oral Roberts Tells Souls Crusade Audience Here, **Tulsa World**, 22 de fevereiro de 2019, <https://tulsaworld.com/archive/only-god-can-heal-oral-roberts-tells--souls-crusade-audience-here/article_249d4428-8edc-523c-a73e--afe23f8bb54a.html>.

[11] Também o título de um livro de Richard Roberts, sobre seu pai (Tulsa, Oklahoma: Albury Publishing, 1996).

Evelyn"[12] se mudaram para a Califórnia. Ele morreu em 2009, aos 91 anos, mas seu legado continua vivo em seus livros, vídeos de suas aulas e reuniões e na universidade que leva seu nome. A Oral Roberts Evangelistic Association continua seu ministério, enviando equipes e livros e ensinando pessoalmente e pela internet.

Rex Humbard

O ministério sempre começa de joelhos. Esse é o legado de fé que Alpha Rex Emmanuel Humbard aprendeu como filho de um evangelista rural no Arkansas. Ele era conhecido como um homem de fé profunda, comprometido com a oração e a conquista de almas ao longo de sua vida. A unção de domínio o conduziu durante setenta e cinco anos de ministério ativo no mundo todo e pelas ondas de rádio e televisão, deixando uma marca em todos os continentes.

Rex Humbard começou a seguir a orientação de Deus para uma vida de ministério com apenas 13 anos. Em 1952, foi pioneiro no campo do televangelismo de sua igreja, a Calvary Temple (mais tarde renomeada como Cathedral of Tomorrow, quando se mudou para um novo edifício em Cuyahoga Falls, Ohio). Seu programa semanal chegava a cerca de 1.600 estações e ficou no ar por mais de trinta anos.[13] O popular Cathedral Quartet e a família de Humbard eram frequentemente vistos no programa.

---

[12] ROBERTS, E. **His Darling Wife, Evelyn:** The Autobiography of Mrs. Oral Roberts. New York: Dial Press, 1976.
[13] Alpha Rex Emmanuel Humbard (1919-2007), **Encyclopedia of Arkansas**. Disponível em: https://encyclopediaofarkansas.net/entries/alpha-rex-emmanuel-humbard-4530/. Acesso em: 4 jan. 2022.

Os programas de Humbard eram vistos no Canadá, na Europa, na Austrália, na América Latina, no Oriente Médio, no Extremo Oriente e na África, somando 20 milhões de espectadores.[14] Como resultado, suas reuniões atraíam grandes multidões em estádios e arenas no mundo todo. Em 1999, o *U.S. News & World Report* nomeou Humbard um dos "25 Principais Arquitetos do Século Americano".[15] Morreu na Flórida em 2007, mas a família Humbard continua comprometida com a conquista de almas e continuará enquanto houver gente "que não conhece o Senhor".[16] A unção de domínio ainda flui por suas palavras, e o ministério de Rex Humbard continua mudando vidas. A unção de domínio sobre Rex Humbard em um momento de ascensão da transmissão televisiva cristã mudou o mundo para sempre.

***

Não há dúvidas de que a unção de domínio esteve presente ao longo dos tempos. E ainda está disponível para o cristão escolhido, e há homens e mulheres que carregam esse precioso fardo hoje. A nação de Israel também carrega a unção de domínio. O capítulo seguinte abrirá a porta para a liberação da unção de domínio.

---

[14] POLLAK, M. Rex Humbard, TV Evangelist, Dies at 88, **New York Times**, 23 de setembro de 2007,. Disponível em: https://www.nytimes.com/2007/09/23/us/23humbard.html. Acesso em: 4 jan. 2022.

[15] Alpha Rex Emmanuel Humbard, **TVDays**. Disponível em: https://www.tvdays.com/rex-humbard. Acesso em: 4 jan. 2022.

[16] Faith & Support, **Rex Humbard Foundation**. Disponível em: https://rexhumbard.org/faith-support/. Acesso em: 4 jan. 2022.

CAPÍTULO 26

A UNÇÃO DE DOMÍNIO NO FIM DOS TEMPOS

Qualquer cristão atento ao desenrolar dos eventos sabe que o tempo da história está acabando. Quem segue a profecia bíblica e controla o pulso do calendário de Deus sabe que estamos nos aproximando depressa de um momento muito significativo na história do mundo. A unção de domínio traz ao foco o fim dos tempos.

Jesus falou com seus discípulos sobre dois eventos particulares que anunciariam a aproximação do fim dos tempos. Chamaremos esses dois eventos de "gatilhos" para o fim dos tempos. Encontramos o primeiro em Mateus 24.32,33 e o segundo em Lucas 21.24.

> "Aprendam a lição da figueira: quando seus ramos se renovam e suas folhas começam a brotar, vocês sabem que o verão está próximo. Assim também, quando virem todas estas coisas, saibam que ele está próximo, às portas."
>
> MATEUS 24.32,33

A figueira que Jesus mencionou é um símbolo da nação de Israel. A afirmação de Jesus de que a figueira é tenra e tem folhas significa que esses eventos ocorrem quando a nação de Israel é jovem. Oseias 9.10 diz: "Quando encontrei Israel, foi como encontrar uvas no deserto; quando vi os antepassados de vocês, foi como ver os primeiros frutos de uma figueira [...]". Toda vez que se menciona a figueira nas Escrituras, refere-se a Israel. Joel 2.22 diz: "Não tenham medo, animais do campo, pois as pastagens estão ficando verdes. As árvores estão dando os seus frutos; a figueira e a videira estão carregadas". A videira é a igreja. Joel está falando sobre um avivamento futuro, quando tanto a igreja quanto Israel serão abençoados. Acredito que estamos nos aproximando desse momento.

Entendendo isso, podemos ver, agora, que o primeiro gatilho foi em 1948, quando, depois de muitos séculos sem uma pátria para o povo judeu, Israel foi reconhecido como nação pela ONU. O Senhor Jesus deu essa palavra profética muito antes de isso acontecer. Explicarei mais sobre o assunto à medida que avançarmos. Vejamos o segundo gatilho.

> "Cairão pela espada e serão levados como prisioneiros para todas as nações. Jerusalém será pisada pelos gentios, até que os tempos deles se cumpram."
>
> LUCAS 21.24

O segundo gatilho, de acordo com Lucas 21.24, ocorre em Jerusalém. Esse versículo mostra que a sede do Israel bíblico, a cidade onde Davi estabeleceu seu trono, seria tirada das mãos de Israel e entregue aos gentios por determinado período. Esses eventos são os dois gatilhos bíblicos para o fim dos tempos.

Não tenho espaço para citar tudo que Jesus disse sobre isso, de modo que vou resumir. Em Mateus 24, o Senhor sai do templo e lhe mostram as construções. Jesus diz: "Vocês estão vendo tudo isto? [...] Eu garanto que não ficará aqui pedra sobre pedra". Ele se referia à estrutura do templo, não às paredes ao redor.

Isso aconteceu em 70 d.C., quando Israel se rebelou contra o domínio romano e o Império Romano caiu sobre a província para se vingar. O templo foi destruído, e a cidade caiu nas mãos dos gentios, que fizeram o povo de Israel cativo e o mandou para outras terras.

O estudo do fim dos tempos é um assunto multifacetado e empolgante, e as pessoas tentam desvendar seus mistérios há séculos. Quando Jesus estava sentado no monte das Oliveiras, os discípulos lhe pediram sinais. "[...] E qual será o sinal da tua vinda e do fim dos tempos?" (Mateus 24.3). Então, o Senhor lhes deu uma lista de sinais que estão acontecendo há muito tempo; até chegarmos ao versículo 14, onde o Senhor indica algo muito poderoso que muitas vezes deixamos passar: "E este evangelho do Reino será pregado em todo o mundo como testemunho a todas as nações, e então virá o fim".

A pregação do evangelho em todas as nações não poderia ter acontecido nos tempos bíblicos; não havia tecnologia para isso. Isso só começou a ser uma possibilidade com o surgimento da era da informação e da internet, e ainda não chegamos à sua plenitude. Mas, em breve, chegará o dia em que isso será possível. Jesus não disse que o evangelho será pregado e todos acreditarão. Disse que "todas as nações" ouvirão o evangelho como testemunhas.

Então, o Senhor Jesus começa a nos revelar o que vai acontecer. Em Mateus 24.21, diz que haverá grande tribulação, como nunca houve. Sabemos que isso ainda está para chegar. E os dias serão abreviados; caso contrário, ninguém sobreviveria. Mas isso ainda está no futuro.

No versículo 24 do mesmo capítulo, como resultado disso, o anticristo — o inimigo de Cristo Jesus e sua igreja — entra em cena. É quando começa a grande tribulação. Nos versículos 30 e 31, o Senhor Jesus fala sobre a sua vinda. O versículo 32 diz: "Aprendam a lição da figueira: quando seus ramos se renovam e suas folhas começam a brotar, vocês sabem que o verão está próximo".

Vou falar um pouco de história para explicar as coisas. Em Mateus 24.34, Jesus disse: "Eu asseguro a vocês que não passará esta geração até que todas estas coisas aconteçam". O Senhor não disse "todas aquelas gerações"; focou em uma só. Jesus havia falado sobre gerações de enganos, fome, terremotos, guerras e então disse: "Aprendam a lição da figueira: quando seus ramos se renovam e suas folhas começam a brotar [...]".

O povo judeu existe há milhares de anos. Em 1948, o que aconteceu com Israel (a figueira)? Foi reconhecido como uma nação pela ONU. Foi quando o Estado de Israel foi estabelecido. Galhos e folhas começaram a brotar de uma árvore que estava ali havia algum tempo. Não surgiram em mudas jovens e frescas.

Jesus disse que, quando vemos isso acontecer, é sinal de crescimento rápido, de uma mudança rápida em toda a árvore. Ele disse: "Assim também, quando virem todas estas coisas, saibam que ele está próximo, às portas" (Mateus 24.33). Assim, 1948 é a porta; é o começo dos últimos dias. Estamos neles desde aquela época.

É importante notar que ele disse "Eu asseguro". "Eu asseguro a vocês que não passará esta geração até que todas estas coisas aconteçam" (v. 34). Isso significa que ele garante o que diz, que ocorrerá sem falta. Para entender o que o Senhor Jesus quis dizer com *esta geração*, precisamos ler Gênesis 15. É o único capítulo da Bíblia que nos dá uma resposta clara sobre quantos anos formam uma geração.

Em Gênesis 15.2, Abrão perguntou a Deus: "Ó Soberano Senhor, que me darás, se continuo sem filhos [...]?". Deus o levou para fora e lhe mostrou as estrelas, fez uma aliança com ele e lhe deu a promessa. Há uma chave escondida nos versículos a seguir:

> Então o Senhor lhe disse: "Saiba que os seus descendentes serão estrangeiros numa terra que não lhes pertencerá, onde também serão escravizados e oprimidos por quatrocentos anos. Mas eu castigarei a nação a quem servirão como escravos e, depois de tudo, sairão com muitos bens. Você, porém, irá em paz a seus antepassados e será sepultado em boa velhice. Na quarta geração, os seus descendentes voltarão para cá, porque a maldade dos amorreus ainda não atingiu a medida completa".
> GÊNESIS 15.13-16

Deus acabou de nos dizer que quatrocentos anos correspondem a quatro gerações. Eles estavam na terra havia quatrocentos anos, e na quarta geração nos disseram claramente que, segundo o padrão de Deus, *uma geração tem cem anos*.

Armados com esse entendimento, podemos fazer uma conta simples. Se 1948 foi o começo, somar mais cem anos significa que o fim dessa geração será em 2048. Ninguém sabe o dia nem a hora em que o Senhor Jesus voltará. Mas podemos saber a época. Quanto tempo isso lhe dá a partir deste momento? Como será a vida daqui a um ou dois anos? Dizem que a cada seis meses o conhecimento do mundo dobra. Hoje, o mundo está mudando depressa. A tecnologia muda rapidamente a nossa maneira de viver — com isso, aumentam as chances de doenças. Mas isso é assunto para outro momento.

Vejamos outra coisa que o Senhor Jesus nos mostra nas Escrituras. O segundo gatilho está em Lucas 21.8-24. Lucas registra muitas coisas iguais às registradas por Mateus, mas entende um lado totalmente diferente da conversa. Talvez Lucas tenha sido testemunha ocular disso, mas é mais provável que tenha coletado essa informação de outras pessoas, segundo instrução do Espírito Santo. Então, o Espírito Santo nos deu o Evangelho de Lucas para fornecer uma imagem mais ampla da conversa.

Em Lucas 21, os versículos 8-11 repetem essencialmente o que foi dito em Mateus 24. Em Lucas 21.12, o Senhor Jesus explica que essa profecia não é para nossa época; era para a época *deles*.

> Mas, antes de tudo isso, prenderão e perseguirão vocês. Então eles os entregarão às sinagogas e prisões, e vocês serão levados à presença de reis e governadores, tudo por causa do meu nome.
> LUCAS 21.12

Isso não está acontecendo agora, não é? Aconteceu *naquela época*. Já aconteceu. É verdade que hoje há cristãos perseguidos nas prisões, mas o Senhor está falando de pessoas sendo entregues nas sinagogas. Ninguém vai a uma sinagoga para ser punido hoje, mas isso acontecia naquela época.

Entretanto, ele fala de algo poderoso em Lucas 21.20: "Quando virem Jerusalém rodeada de exércitos, vocês saberão que a sua devastação está próxima".

Quando isso aconteceu? Em 70 d.C., portanto, ele ainda está nos dando o momento dessa profecia. Ela não é para os nossos dias porque há dois mil anos Jerusalém não é cercada por nenhum exército.

> "Então os que estiverem na Judeia fujam para os montes, os que estiverem na cidade saiam, e os que estiverem no campo não entrem na cidade. Pois esses são os dias da vingança, em cumprimento de tudo o que foi escrito. Como serão terríveis aqueles dias para as grávidas e para as que estiverem amamentando! Haverá grande aflição na terra e ira contra este povo."
>
> LUCAS 21.21-23

Observe que ele fala sobre a terra, o povo de Israel. Não está falando de um tempo de tribulação mundial. Está falando de um tempo na terra e no povo de Israel. E sabemos que ele se refere ao povo judeu.

O versículo 24 de Lucas 21 diz: "Cairão pela espada [...]". E caíram. Milhares deles foram mortos pelos romanos em 132 d.C. "E serão levados como prisioneiros para todas as nações." E foram. Em que ano? Os romanos os expulsaram em 135 d.C. Simão Barcoquebas teve sua batalha contra os romanos em 132 d.C., e três anos depois os judeus foram expulsos de Jerusalém pelos romanos. Não só foram expulsos, como também proibidos de voltar, cumprindo com precisão esse versículo.

Prossegue o versículo 24: "Jerusalém será pisada pelos gentios, até que os tempos deles se cumpram". Quando isso aconteceu? Em junho de 1967. Essa segunda parte do versículo foi cumprida em 1967.

Duas profecias foram cumpridas com precisão. Primeiro, o versículo 20 diz que Jerusalém será cercada por exércitos. Assim foi em 70 d.C. quando os romanos destruíram o templo. Mais tarde, depois que a revolta foi sufocada em 135 d.C., o povo judeu foi expulso da terra, cumprindo o versículo 24. Então, de 135 d.C. até 1967, a cidade de Jerusalém não pertenceu aos judeus.

Eu tinha 14 anos em 1967, quando ocorreu a Guerra dos Seis Dias. Lembro-me de meu pai, que não era um homem religioso naquela época, entrando em casa, olhando para nossa família e dizendo: "Agora Jesus voltará". Nunca vou esquecer aquela noite enquanto eu viver. Não me lembro de meu pai ter citado Jesus dessa maneira, exceto naquela noite quando anunciaram pelo rádio que Jerusalém estava nas mãos do povo judeu pela primeira vez em dois mil anos. Ficamos atordoados.

A segunda metade do versículo 24 fala sobre outra mudança. O Senhor Jesus disse: "Jerusalém será pisada pelos gentios, até que os tempos deles se cumpram", e se cumpriram. O versículo 25 diz: "Haverá sinais no sol, na lua e nas estrelas. Na terra, as nações estarão em angústia e perplexidade com o bramido e a agitação do mar". Ainda não vimos o versículo 25 se cumprir, mas estamos começando a vislumbrar o início de seu cumprimento.

> "Os homens desmaiarão de terror, apreensivos com o que estará sobrevindo ao mundo; e os poderes celestes serão abalados. Então se verá o Filho do homem vindo numa nuvem com poder e grande glória."
>
> LUCAS 21.26,27

Nesses versículos, o Senhor Jesus nos dá uma chave fantástica: Jerusalém. Existe uma batalha hoje. Sobre o quê? Jerusalém. O mundo está gritando que Jerusalém precisa ser dividida. Pois tenho uma notícia para dar: o Senhor Jesus não voltará para uma Jerusalém dividida.

Nos noticiários de hoje, ouvimos falar em dividir a cidade. Isso nunca vai acontecer. Podem falar sobre isso quanto quiserem, mas não vai acontecer. Ariel Sharon tomou uma decisão após a paz com o Egito, quando entregaram o Sinai. Disse que não iam entregar Jerusalém também; então, começaram a construir assentamentos ao redor dela. Entregar Jerusalém causaria uma guerra civil em Israel, porque agora há cidades ao redor da cidade. Isso não dá para mudar. Não é possível retirar centenas de milhares de judeus que vivem nesses assentamentos, pois causaria uma revolta como nunca vista. Haveria derramamento de sangue como nunca vimos em Israel, portanto isso não vai acontecer. Jerusalém nunca será dividida, não importa quanto acreditem nisso e quanto o mundo queira.

Zacarias, o profeta do Antigo Testamento, disse que a última guerra ocorrerá por causa de Jerusalém, e milhões de inimigos de Israel morrerão. Vou falar um pouco de história antes de continuar, porque é bem interessante. Aqui está o que você precisa saber sobre 1948 e 1967: relata-se que em 1948 o grande general britânico Bernard Montgomery disse: "Vocês têm duas semanas antes de ser varridos do mapa", porque eram 600 mil contra 40 milhões. Israel tinha um canhão — *um canhão* — contra cinco exércitos com mais armamento, tanques e aviões do que se pode imaginar. Adivinhe quantos aviões Israel tinha? Um. Quantas bombas no avião? Zero! O que jogaram dos aviões? Garrafas de refrigerante.

Sim, isso mesmo. Para vencer uma batalha contra os tanques egípcios, eles usaram garrafas de refrigerante. Os tanques chegaram perto de Tel Aviv e não havia como detê-los. Então, os israelenses pegaram um avião e jogaram dele garrafas de refrigerante, que chiavam quando caíam. Os egípcios pensaram que eram bombas e fugiram. Ora, Deus venceu a batalha com garrafas de refrigerante!

Na lógica, pode parecer impossível, mas Israel ainda está aqui! Deus realizou um milagre em 1948, e Israel surpreendeu o mundo ao vencer uma guerra e se tornar uma nação. Quer saber onde está a unção de domínio hoje? *A unção de domínio reside na nação de Israel.*

Tendo dito tudo isso sobre 1948, quero falar um pouco mais sobre 1967. Nesse ano, a Guerra dos Seis Dias começou com uma mentira soviética. Os russos queriam provar que suas armas eram melhores que as americanas e, por causa da Guerra do Vietnã, os Estados Unidos estavam com dificuldades. Então, os soviéticos decidiram mentir para os sírios e dizer que Israel os atacaria. Assim começou a guerra.

Naquela época, o presidente do Egito, Nasser, tinha um acordo com a Síria: se Israel os atacasse, ele os defenderia.

Os russos o convenceram de que os israelenses iam atacar a Síria, e foi aí que Nasser entrou nas rádios e começou a rufar os tambores da guerra. Quando descobriu que a informação não era precisa, era tarde demais para deter os tumultos nas ruas. Foi assim que a guerra começou.

O resultado foi o cumprimento da profecia. A profecia de Deus foi cumprida pela mentira dos soviéticos. Pense nisso: "Até a tua ira contra os homens redundará em teu louvor, e os sobreviventes da tua ira se refrearão" (Salmos 76.10). É incrível como Deus usa o que acontece na terra para cumprir a sua Palavra.

O ano de 1967 teve um gatilho. Depois disso, o homem chegou à Lua e vimos uma explosão de tecnologia. O primeiro gatilho, em 1948, trouxe mudanças no mundo todo que ainda afetam nossa vida, e 1967 trouxe mais avanços que nos afetam igualmente, incluindo as áreas de tecnologia, comunicação e medicina. Agora estamos enfrentando eventos assustadores.

Coisas que ainda estão por vir

O que vai acontecer primeiro é o clima extremo. Você pode ou não acreditar nas mudanças climáticas, mas Isaías diz o seguinte:

> A terra está contaminada pelos seus habitantes, porque desobedeceram às leis, violaram os decretos e quebraram a aliança eterna. Por isso a maldição consome a terra, e seu povo é culpado. Por isso os habitantes da terra são consumidos pelo fogo, a ponto de sobrarem pouquíssimos.
>
> ISAÍAS 24.5,6

A Bíblia fala muito claramente sobre os julgamentos que nos esperam. Cairão na terra pedras de granizo de 35 quilos cada. Se você acredita ou não nas mudanças climáticas, não importa. O que importa é o que a Bíblia diz sobre os próximos tempos. Nos últimos anos, a Austrália teve as temperaturas mais altas de todos os tempos, que chegaram a 50 graus centígrados. Fenômenos como esse acontecerão no mundo todo. Não estou dizendo isso porque alguns cientistas me contaram; estou dizendo isso porque li na Bíblia.

> O quarto anjo derramou a sua taça no sol, e foi dado poder ao sol para queimar os homens com fogo. Estes foram queimados pelo forte calor e amaldiçoaram o nome de Deus, que tem domínio sobre estas pragas; contudo, recusaram arrepender-se e glorificá-lo. [...] Caíram sobre os homens, vindas do céu, enormes pedras de granizo, de cerca de trinta e cinco quilos cada; eles blasfemaram contra Deus por causa do granizo, pois a praga fora terrível.
> APOCALIPSE 16.8,9,21

É dessa mudança climática que estou falando: o sol e o calor queimando as pessoas e pedras de granizo de 35 quilos. E os homens fazem o quê? Blasfemam contra Deus por causa da praga do granizo. O fogo os queima em um lugar e o granizo os mata em outro. Pois isso também é mudança climática.

Eu sigo a Palavra de Deus, e ela diz que mudanças extremas no clima estão chegando. Não importa o que os governos do mundo pactuem fazer para retardá-las ou impedi-las, elas virão. A legislação e os acordos feitos por homens não podem impedir que a Palavra de Deus se cumpra exatamente como ele disse que aconteceria.

Vejamos outra coisa que já está acontecendo. A Malásia vem implementando uma sociedade sem dinheiro; não usam mais dinheiro lá. E não é só isso; hoje, no mundo todo, quantas pessoas ainda entram em um banco? Usamos computadores, cartões de débito e aplicativos no celular para pagar contas. Estamos começando a usar dinheiro eletrônico e Bitcoin. Bitcoin é uma "marca registrada no Reino Unido, um tipo de moeda digital em que se mantém um registro de transações em novas unidades de moeda, que são geradas por uma solução computacional de problemas matemáticos e que opera independentemente do Banco Central".

Isso já está acontecendo. Alguns anos atrás, eu estava na África do Sul, andando no *shopping*, e vi máquinas por toda parte. Perguntei a uma pessoa para que serviam todas aquelas máquinas, e me disseram: "Dinheiro digital". O quê? Comecei a pesquisar e fiquei surpreso; essas coisas estavam acontecendo e eu nem sabia. Estamos entrando em uma sociedade sem dinheiro bem depressa, no mundo todo. E o que isso me diz? Diz que a marca da besta está quase aqui.

Temos Bitcoins, e agora os passaportes estão sendo eliminados na Austrália. Todos os aeroportos da Austrália têm reconhecimento facial. Seu rosto agora é seu passaporte na Austrália, e isso está chegando ao resto do mundo. No mundo todo, as pessoas estão se afastando do papel. O reconhecimento facial já toma conta em algumas partes do mundo. Nos Estados Unidos, estão até falando de eliminar a

TSA (Administração para a Segurança nos Transportes). Em função da paralisação pela pandemia por coronavírus, estão falando em eliminar essa agência e usar o reconhecimento facial nos aeroportos.

Vejamos o que Jesus diz em Lucas 18.

> Então Jesus contou aos seus discípulos uma parábola, para mostrar-lhes que eles deviam orar sempre e nunca desanimar. Ele disse: "Em certa cidade havia um juiz que não temia a Deus nem se importava com os homens. E havia naquela cidade uma viúva que se dirigia continuamente a ele, suplicando-lhe: 'Faze-me justiça contra o meu adversário'. Por algum tempo ele se recusou. Mas finalmente disse a si mesmo: 'Embora eu não tema a Deus e nem me importe com os homens, esta viúva está me aborrecendo; vou fazer-lhe justiça para que ela não venha mais me importunar' ". E o Senhor continuou: "Ouçam o que diz o juiz injusto. Acaso Deus não fará justiça aos seus escolhidos, que clamam a ele dia e noite? Continuará fazendo-os esperar? Eu digo a vocês: Ele lhes fará justiça e depressa. Contudo, quando o Filho do homem vier, encontrará fé na terra?"
>
> LUCAS 18.1-8

Sempre me surpreendi com esta declaração: "Quando o Filho do homem vier, encontrará fé na terra?". Agora, vejo essa parte das Escrituras e começo a ler sobre inteligência artificial (IA), que é, essencialmente, computadores que aprendem sozinhos e resolvem problemas que os humanos não conseguem resolver. Também já li sobre tecnologia ciborgue. Para quem não está familiarizado com isso, a tecnologia ciborgue, em poucas palavras, é a junção da biologia e da tecnologia para atualizar nosso velho *hardware* humano para o eletrônico. Pernas e braços atualizados, olhos e órgãos atualizados. Um especialista disse que, além de membros cibernéticos, agora existe uma coisa chamada "tatuagem digital", que é, essencialmente, um microchip que pode ser implantado embaixo da pele. Ele disse que seria como colocar um Apple Watch embaixo da pele.

Quando isso vai acontecer? Toda essa tecnologia já existe enquanto escrevo isto. A questão é quando será implementada em larga escala. Portanto, o sistema do anticristo já está aqui, esperando para ser desencadeado.

Ouvimos falar de IA assumindo trabalhos perigosos para que pessoas não se machuquem. Isso já está acontecendo; máquinas fazem isso. Falamos sobre resolver o problema da mudança climática com IA. As máquinas são capazes de fazer estudos que nós, humanos, não poderíamos; especialistas dizem que a IA desvendará a mudança climática para que a humanidade possa evitar eventos climáticos catastróficos. Pense na enorme quantidade de dados disponíveis sobre atividades meteorológicas no mundo todo, na capacidade de processar esses dados e de prever eventos com base no passado.

As coisas estão mudando depressa. Assim que este livro for impresso, algumas das coisas que escrevi aqui estarão desatualizadas. A cada dia surgem novas tecnologias. Mas o que quero dizer é que estamos mais perto do sistema do anticristo do que pensamos.

A Bíblia nos diz, em 2Tessalonicenses 2.3, a respeito de duas coisas:

1. uma grande apostasia;

2. a revelação do "homem do pecado" (anticristo).

A apostasia acontecerá antes que esse sistema do anticristo esteja no controle total. Olhando ao redor, não é difícil ver que a apostasia começou com o que está acontecendo nas igrejas hoje. O evangelho não está sendo pregado como antes. Não ouvimos mais falar sobre a cruz, sobre o sangue, a santificação, o arrependimento. Há muito universalismo por aí e muita pregação dizendo que todos irão para o céu. Qualquer sistema de crenças fora dos precedentes bíblicos é falso. As Escrituras são nosso padrão. Estamos agora no estágio de lutar mais uma vez pela fé, como Judas disse em sua época, quando negavam que o Senhor Jesus era o Filho de Deus.

Nos dias atuais, temos que lidar com mentiras inteligentes sendo apresentadas como verdade em todos os lugares. Ouço isso cada vez mais, e muito me preocupa. Algumas pessoas dizem que Deus é amoroso demais para mandar pessoas para o inferno, por isso todos irão para o céu. Todos são salvos, mas não sabem disso.

Contudo, preciso voltar à Bíblia. Temos que pensar em nosso destino em Jesus. O que ele nos dirá quando estivermos diante do tribunal?

CAPÍTULO 27

CHAVES PARA SELAR NOSSA VITÓRIA

O RAÇÃO. A oração é a chave mestra que abre a porta para uma vida vitoriosa e um ministério poderosamente eficaz. São tempos perigosos os de hoje, mas não estamos desamparados nem sem esperança. *Nós temos a oração.* Onde há cristãos em oração, há um Deus que escuta, pronto para intervir e nos dar tudo que seja necessário para essa caminhada de fé.

> Estejam sempre atentos e orem para que vocês possam escapar de tudo o que está para acontecer e estar em pé diante do Filho do homem.
> LUCAS 21.36

Nessa passagem, Jesus fala da oração como a chave para escapar dos dias difíceis que se desenrolam diante de nossos olhos.

Dez chaves para a sobrevivência na oração do SENHOR

A chave para a sobrevivência é a oração. A Oração do Senhor contém um conjunto completo de chaves e é o padrão perfeito para a oração que Jesus nos deu. Quando foram ao Senhor em Lucas 11 e Mateus 6 e disseram:

"Ensina-nos a orar", Jesus lhes deu as chaves mais poderosas para a sobrevivência na oração mais famosa das Escrituras.

Chave 1

O Senhor Jesus começou dizendo: "Pai nosso" (Mateus 6.9). Não se pode ter uma vida poderosa de oração sem um relacionamento com Deus. Quando o Senhor começou com as palavras "Pai nosso", estava falando sobre algo significativo e poderoso. Somente pelo Espírito Santo podemos ter esse relacionamento pessoal com o Pai. Em Romanos 8.15 e Gálatas 4.6, é o Espírito que diz Aba Pai. Relacionamento é fundamental. A primeira coisa que devemos desenvolver é um relacionamento com Deus Pai.

Hoje, muitos cristãos não têm essa compreensão sobre o relacionamento. Conhecemos Deus Pai? Muitas pessoas falam sobre Deus Filho e Deus Espírito Santo, mas o Senhor Jesus deixou bem claro: devemos ter um relacionamento com o Pai. E isso acontece por meio de Jesus. Deus não ouvirá aqueles que não têm relacionamento com ele. Devemos desenvolver nosso relacionamento com o Pai.

Chave 2

Jesus prosseguiu em Mateus 6.9: "[...] que estás nos céus". Isso se refere à nossa cidadania; temos que reconhecer que somos cidadãos dos céus. Devemos orar sob a perspectiva de que nossa cidadania está na glória. Sabemos pelas Escrituras que somos cidadãos dos céus.

> A nossa cidadania, porém, está nos céus, de onde esperamos ansiosamente o Salvador, o Senhor Jesus Cristo.
>
> FILIPENSES 3.20

No primeiro minuto de nossa salvação, tornamo-nos cidadãos dos céus e temos direitos. Se você é americano, tem direitos como cidadão dos Estados Unidos. Mas temos direitos *maiores* como cidadãos do céu. Para se estabelecer como cidadão do céu, você deve se desconectar da terra. Olhe para o céu. "Mantenham o pensamento nas coisas do alto", disse Paulo em Colossenses 3.2. Quando mantém os pensamentos nas coisas do alto, você se desconecta da terra. É impossível se desconectar da terra se você continuar com seus pensamentos nela e no que ela representa. Não tenho interesse em nada que o mundo tem a oferecer porque isso me conecta à terra.

Quando vejo pessoas ligadas às coisas terrenas, sei que não abraçaram a cidadania celestial. Deus quer que sejamos verdadeiros cidadãos do céu, e cidadãos do céu se envolvem com o céu, não com a terra. Estamos *no* mundo, mas não somos pura e simplesmente *do* mundo.

> Portanto, vocês já não são estrangeiros nem forasteiros, mas concidadãos dos santos e membros da família de Deus.
>
> EFÉSIOS 2.19

Talvez você pergunte: "Como faço para me desconectar da terra?". Pare de observar coisas que estão abaixo de sua cidadania celestial. Pare de se envolver nos assuntos desta vida. É bem simples. Todo mundo sabe como se desconectar. É só fechar, desligar o mundo.

Chave 3

Você precisa construir sua adoração. "Santificado seja o teu nome" (Mateus 6.9). Isso é adoração. Significa entrar no reino da adoração. Não devemos apenas desenvolver nosso relacionamento e a cidadania, mas também nossa adoração.

Chave 4

Jesus disse: "Venha o teu Reino" (Mateus 6.10). Isso significa que coloco os interesses dele à frente dos meus. "Venha o teu Reino" tem a ver com a destruição do reino do mal em minha vida. Significa que não devo ter nenhuma conexão com o satânico, nenhum relacionamento com a carne. Sou responsável por excluir isso de minha vida. O que o Senhor quis dizer com "Venha o teu Reino" é que o seu Reino deve *entrar em minha vida*. Como o seu Reino entra em minha vida? Quando dispenso todos os outros reinos de minha vida. Não permito influências demoníacas nem conexões mundanas. Fecho a porta e me afasto de qualquer coisa que possa atrapalhar o Reino de Deus em minha vida.

Há cristãos que assistem a coisas sujas e acham que não há nada de errado nisso. Isso é uma porta para o demoníaco. Feche essa porta! Como pode o Reino de Deus estar neles se estão vendo coisas demoníacas com seus olhos, que são as janelas da alma? Não estou dizendo que você só pode assistir a filmes bíblicos, mas, por favor, não assista a filmes mundanos nem demoníacos, nem leia material em livros ou revistas que deem lugar à impiedade em sua vida. Você precisa fazer uma aliança com os seus olhos e dizer: "Não vou ver isso. Não vou ler isso. Simplesmente não vou fazer isso". Desligue, desconecte. Sei que está ficando mais difícil por causa da internet, mas, na verdade, a escolha é sua. *É sua responsabilidade.*

Chave 5

Jesus disse: "Seja feita a tua vontade" (Mateus 6.10). Isso significa que temos que conhecer a Palavra de Deus. Não podemos conhecer sua vontade sem conhecer sua Palavra. É absolutamente impossível. Quando o Senhor disse "Seja feita a tua vontade", estava dizendo: "É hora de você conhecer a mente dele. É hora de conhecer sua vontade revelada, que é a Bíblia". Depois de conhecer a mente dele, sua vontade, você pode fazer seu pedido.

Chave 6

Jesus disse: "Dá-nos hoje o nosso pão de cada dia" (Mateus 6.11). Não posso orar de maneira eficaz, a menos que eu (1) o conheça, (2) conheça minha cidadania, (3) conheça a adoração, (4) viva no Reino e (5) conheça sua mente, sua vontade. Só então meus pedidos serão ouvidos, porque o que Jesus disse a seguir foi: "Dá-nos hoje o nosso pão de cada dia". Isso me diz que, quando eu tiver um relacionamento correto, uma cidadania e uma adoração corretas e seu Reino e sua Palavra em minha vida, poderei fazer meus pedidos.

Filipenses 4.6 diz que Deus quer saber os detalhes de nossas necessidades: "Não andem ansiosos por coisa alguma, mas em tudo, pela oração e súplicas, e com ação de graças, apresentem seus pedidos a Deus". Quando Paulo disse "tudo", referia-se a dizer os detalhes a Deus em nossos pedidos.

A maioria das pessoas começa a fazer pedidos antes mesmo de saber com quem está falando. Esse é o problema. Temos que desenvolver o que acabei de escrever. O Senhor Jesus colocou isso em perfeita ordem. Disse que não podemos fazer pedidos enquanto tudo não estiver no lugar. Fazemos nossos pedidos a ele.

Chave 7

Jesus disse: "Perdoa as nossas dívidas" (Mateus 6.12). O que isso significa? É algo muito poderoso. É a única coisa que traz respostas aos pedidos. Depois de apresentar nossos pedidos, que Deus ouvirá, perdoamos para receber respostas a eles. Sem perdão, você pode esquecer de obter a resposta. Pode orar quanto quiser, mas, se não fizer o que o Senhor mandou fazer, não vai dar certo.

Chave 8

Jesus disse: "E não nos deixes cair em tentação" (Mateus 6.13). Depois do perdão vem a libertação, o que significa que não faremos de novo. Não é que confessamos e depois continuamos confessando porque ainda não somos livres. A verdadeira libertação decorre de todas as outras coisas da oração de Jesus. Como pode ser liberto se você não conhece Deus, nem sua cidadania, nem desenvolve sua adoração, nem se compromete com os princípios que acabei de lhe mostrar? Sem obediência total, não há como ser liberto. Você ainda viverá em um reino antigo enquanto não decidir que está pronto para obedecer completamente a Deus.

Chave 9

Jesus disse: "Livra-nos do mal", ou do maligno (Mateus 6.13). Essa é uma oração de força, e é quando recebemos a libertação dos esquemas do Diabo. É quando somos capazes de resistir ao Diabo.

> Portanto, submetam-se a Deus. Resistam ao Diabo, e ele fugirá de vocês.
>
> TIAGO 4.7

Chave 10

Jesus orou: "Porque teu é o Reino, o poder e a glória para sempre" (Mateus 6.13). Assim, ele sela a oração de novo, com louvor. O louvor finaliza nosso processo. Agradecemos a ele, o louvamos e bendizemos o seu nome por nos ouvir.

— *** —

Essas dez chaves estratégicas mantêm você seguro e garantem sua longevidade. Assim, encerro este ensinamento sobre os mistérios da unção, porque acabei de lhe dar as chaves que o ajudarão a ser vitorioso nesta vida. Você tem tudo de que precisa e, se usar o que aprendeu, poderá vencer pelo poder de Cristo e sua unção em você, mesmo durante estes tempos perigosos.

Mistérios da unção revelados

Os mistérios da unção agora estão revelados, verdades que lançarão você gloriosas novas alturas. Não podemos construir muito sem ferramentas. Agora você tem ferramentas para construir uma vida com propósito e um ministério poderoso, marcados pela unção de Deus. É a unção que faz a diferença.

Desejo que seu coração se sinta encorajado a cultivar uma caminhada diária significativa e íntima com o Senhor. Isso é de extrema importância e fundamental na mensagem deste ensinamento. Agora você possui as chaves para desbloquear o potencial ilimitado que Deus colocou dentro de você.

Chegando ao final deste livro, podemos ver que o assunto dos mistérios da unção é amplo e profundo. Quando você viu este título pela primeira vez, acredito que ele despertou seu interesse porque você tem um desejo sincero de uma maior manifestação da unção de Deus em sua vida.

Confio em que estas páginas tenham iluminado a unção de Deus e que sua compreensão desse poder do alto tenha sido acesa. Oro para que você pegue o que aprendeu aqui, o aplique e continue avançando mais profundamente na presença de Deus e em seu poder, que é puro e pessoal, caminhando em um fluxo ininterrupto de sua preciosa unção.

> Àquele que é poderoso para impedi-los de cair e para apresentá-los diante da sua glória sem mácula e com grande alegria, ao único Deus, nosso Salvador, sejam glória, majestade, poder e autoridade, mediante Jesus Cristo, nosso Senhor, antes de todos os tempos, agora e para todo o sempre! Amém.
> JUDAS 1. 24,25

> Aquele que dá testemunho destas coisas diz: "Sim, venho em breve!" Amém. Vem, Senhor Jesus!
> APOCALIPSE 22.20

Esta obra foi composta em *Warnock Pro*
e impressa por Gráfica Piffer Print sobre papel
Pólen Bold 70 g/m² para Editora Vida.